供应链中生产与运输活动的协同规划研究

基于合作博弈方法

王奕婷◎著

Supply Chain

THE COLLABORATIVE APPROACH BASED ON
COOPERATIVE GAME BETWEEN PRODUCTION AND
TRANSPORTATION IN THE SUPPLY CHAIN

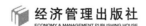

经济管理出版社
ECONOMY & MANAGEMENT PUBLISHING HOUSE

图书在版编目（CIP）数据

供应链中生产与运输活动的协同规划研究：基于合作博弈方法／王奕婷著 . —北京：经济管理出版社，2022.12

ISBN 978-7-5096-8854-0

Ⅰ.①供…　Ⅱ.①王…　Ⅲ.①供应链管理—研究　Ⅳ.①F252.1

中国版本图书馆 CIP 数据核字（2022）第 244834 号

组稿编辑：王玉林

责任编辑：高　娅　王玉林

责任印制：黄章平

责任校对：蔡晓臻

出版发行：经济管理出版社

　　　　　（北京市海淀区北蜂窝 8 号中雅大厦 A 座 11 层　100038）

网　　址：www. E-mp. com. cn

电　　话：（010）51915602

印　　刷：唐山玺诚印务有限公司

经　　销：新华书店

开　　本：710mm×1000mm /16

印　　张：13. 5

字　　数：207 千字

版　　次：2023 年 1 月第 1 版　　2023 年 1 月第 1 次印刷

书　　号：ISBN 978-7-5096-8854-0

定　　价：88. 00 元

前　言

研究背景

本书主要研究供应链内部合作伙伴之间的协作问题。协作对于供应链参与者有效地获得最佳解决方案是必要的，可以帮助多个界限明确且互惠的组织实现共同目标。跨企业边界的能力和资源管理越来越重要，有效协作被认为是改善供应链绩效的关键，其重要性日益凸显。其中，策略层面协作计划的决策是一个重要问题。本书提出一种新的方法，旨在解决制造商和承运人之间的协同规划决策问题。

研究问题与研究目标

本书聚焦于中期计划决策层面，主要研究供应链中扮演不同角色的参与者的去中心化管理计划。在本书中，每个参与者都有自己的决策，因此每个管理者可以决定保留一些私有机密信息，分享给其他合作伙伴部分信息。本书研究两种类型的供应链参与者——制造商和承运人的计划问题。生产计划的目标是根据交货计划、生产能力、成品库存能力、产品所需的生产提前期等因素，同时考虑各种生产成本，在中期规划范围内提出生产计划。制造商的配送计划是根据客户需求和生产计划提出中期交货计划。承运人根据交货计划及其运输能力提出送货计划。

本书研究的公路运输活动主要涉及整车租用。在运输规划中，任何一辆卡车都只有一个托运人和一个目的地。运输定价使用经典方法，分解为固定项和变动项。

方法论和创新点

在现代生产和配送体系中，市场竞争频繁地降低各方收益，且在满足客户需求的条件下，降低潜在成本变得越来越困难。因此，供应链参与者提升其竞争水平不是最有效的增加收益方法。如果供应链参与者以分担成本或分享利润为目的进行合作，则可以提升整体的竞争力，从而增加收益。因此，本书基于博弈论研究运输与生产之间的协作问题，旨在提供一种合乎逻辑的方法来预测各种情况下的各方收益。更确切地说，在本书中，我们将协作问题视为一个合作博弈例子，其中，玩家群体（联盟）可能会执行合作行为。例如，当玩家通过协商一致决策时，他们就会选择合作。在这种情况下，Shapley 值法提供了一种公平有效的合作解决方案，使合作伙伴分担成本或分配可能的利润。因此，Shapley 值法被用于处理承运人之间以及制造商和承运人之间在策略层面的合作计划问题。

本书根据供应链参与者的同质性或异质性，研究两种合作博弈类型。在同质玩家博弈中，我们考虑多个承运人为满足制造商的交付请求而进行合作；在异质玩家博弈中，制造商与多个运输运营者为满足客户的产品需求而进行合作。本书将这些博弈与线性规划模型相结合，模拟每个供应链参与者的规划过程。不同参与者之间的合作通过一个特定的过程来建模，在这个过程中，线性规划模型的运行被用来计算博弈中每个参与者的 Shapley 值。这些 Shapley 值代表了公平分担成本或分享利润的目标值。

内容介绍

第 1 章介绍本书引入供应链管理（Supply Chain Management，SCM）的概念及研究问题定位。第 2 章着重讲述供应链中的配送与运输。第 3 章分析供应链规划的国内外研究现状。第 4 章介绍博弈论的要点，并详细讲述合作博弈等类型。第 5 章介绍同级供应链参与者的合作方案与规划模型，提供描述多个承运人运输活动的模型。第 6 章讲述两级供应链参与者的合作方案与规划模型，提供制造商规划模型以及描述制造商与多个承运人活动的混合规划模型。第 7 章讲述本书的实验输入数据，从原始数据的处理到生成研究问题实例，分为通用数据、运输数据和生产数据三部分。第 8 章和第 9 章基于博弈论设计并进行数值实验，使用数值实验的结果评估合作方案的绩效，从而评价合作方法的有效性。第 10 章进行总结，并阐述本书的未尽之处及对未来研究的展望。

目　录

01

第1章

引入供应链管理的概念及研究问题定位

本章介绍了本书的研究背景，包括供应链的设计与管理、供应链中的协作等，由以下部分组成：1.1 节介绍研究问题的背景，从物流到供应链，再到供应链管理；1.2 节介绍供应链中的协作，讨论了协作模式和协作方法；末尾为本章小结。值得一提的是，本书的研究问题范畴将在本章中逐步明确。

1.1　研究问题背景

这部分介绍本书研究问题的背景。首先，介绍与供应链相关的物流问题。其次，介绍供应链及其参与者。Hugos（2010）描述了物流与供应链的区别。物流通常指发生在一个单一组织的边界内的活动；而供应链指的是一同工作的企业网络，它们互相协调各自的活动以将产品交付给市场。此外，传统物流的重点是采购、配送、维护和库存管理等活动。最后，介绍供应链管理（SCM）。

1.1.1　物流的定义和意义

相较于供应链，"物流"这一术语存在的时间更长，最初应用于军事中。物流是一个多层次的概念，其关注点取决于研究问题所属的范畴。因此，物流被 Coyle 等（2016）定义为"将正确数量（Right Quantity）、正确条件（Right Condition）下生产的正确产品（Right Product）在正确的时间（Right Time）、正确的地点（Right Place）以正确的成本（Right Cost）交付给正确的客户（Right Customer）"，简称"7R"。从这个角度来看，物流与供应链管理的概念并没有太大的不同。稍后，笔者将对此进行讨论，说明物流的定义暗含了流控制和业务维度的概念。

在过去的研究中，一些作者一直试图将物流这个概念与供应链管理联系起来。Cooper 等（1997）以及 Larson 和 Halldorsson（2004）可以说明这一点。这些研究将物流看作供应链管理的一部分。例如，Cooper 等（1997）明确定义物流不包括一些业务范畴，如产品开发过程及其他一些供应链职能，但这些都以集成的观点被考虑在供应链中。

美国物流管理协会于 1991 年将物流定义为供应链过程的一部分，指出物流是计划、执行和控制上游供应源点与下游消费点之间商品实际有效的正反向流动和存储，以及服务和相关信息，以满足客户的需求。

Rutner 和 Langley（2000）指出，"7R"可作为物流的一个简单定义。"7R"最初由 Shapiro 和 Heskett（1985）提出，定义物流是"保证在正确的地点、正确的时间，以正确的成本为正确的客户提供正确数量、正确条件的正确产品"。

之后，Lummus 等（2001）等分析了物流和供应链管理之间的关系，这将在 1.1.3 节中介绍。这些作者首先指出，物流"涉及有形货物从一个地点到另一个地点的移动，在两次世界大战期间受到军方的广泛关注"。Cavinato（1982）等还将物流定义为"所有进出库原材料、零部件、物资和成品的管理"，即物流包括采购、运输和储存在功能要素上的综合管理。因此，Lummus 等（2001）总结出，物流本质上与货物、服务和信息的移动与传递有关。

Tseng 等（2005）指出，"物流是一个移动并处理货物和材料的过程，这一过程包括生产的各个阶段、销售的过程和废料处理，其目的是满足客户的需求以及增加商业竞争力"。该研究还得出如下结论："物流是客户导向的运营管理"。

通过吸收这些定义的内涵，本书对物流做出如下定义：

物流是从原材料供应商到最终消费者的一个或多个公司的联合活动，关注原材料、零部件和成品的流动与处理。

根据这个定义，我们提出的假设如图 1-1 所示。

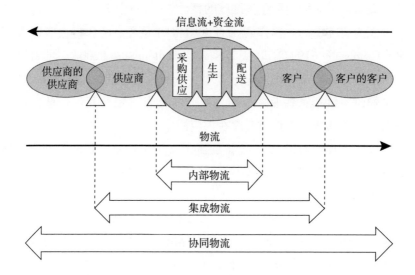

图 1-1　物流的范畴

（1）内部物流（Internal Logistics）涉及一个公司内部的物料流动，包括采购、收货、仓储、转移和装运准备等活动，可大致分为采购物流、配送物流两个主要方面。

采购物流是在满足需求和时间限制的情况下，以可能的最低成本获得原材料、服务或产品。采购物流包括市场调研、需求计划、购买决策、供应商管理、订购和订单控制等活动。采购过程包括投标、价格谈判、确保合适的数量与规格、运输和交付。配送物流关注将成品交付给客户的过程，包括订单处理、仓储管理和运输管理。制造商和消费者需要在交付时间、交付地点和交付产品数量等方面达成一致，因此配送物流是至关重要的。

（2）集成物流（Integrated Logistics）将企业及其一级供应商和客户看作一个整体，是系统范围的管理，包括运输和处理货物等活动。

（3）协同物流（Collaborative Logistics）描述多级组织之间的长期合作关系，旨在通过设备共享、信息互通和成本分担来优化物料的转移。

1.1.2　从物流到供应链

早期的研究概述了供应链管理是一个比物流更广泛的概念。Porter 是最早将内向物流和外向物流视为创造价值的主要活动的经济学家之一，其研究成果如图 1-2 所示。内向物流是指接收、存储和管理用于生产的来料的活动。外向物流则是关注企业将生产的成品交付给客户的运输活动。这项研究对于消除同一生产网络中企业业务功能之间的屏障而言，是一个里程碑。

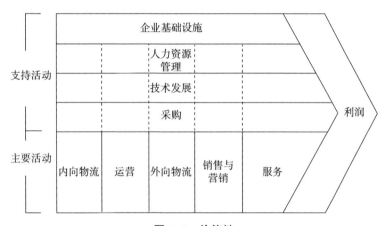

图 1-2　价值链

资料来源：Porter（1985）。

许多研究人员将这一命题作为研究的基础之一，将从供应商到消费者（最终用户）的活动视为一个系统，称为供应链。此后，文献中提出了许多关于供应链的定义。虽然下文按时间顺序列出的定义并不详尽，但可以说明供应链的研究中一些有意义的方向。

Stevens（1989）认为供应链是"与从供应商到客户的物料、零件和成品的计划、协调和控制有关的一系列相互关联的活动。它涉及通过各个组织的两种不同的流——物流和信息流"。

Lee 和 Billington（1995）将供应链定义为"采购原材料，将其转化为中间产品，最终产出成品，并通过分销系统将产品交付给客户的设施网络"。

Chopra 和 Meindl（2001）认为供应链"由直接或间接满足客户需求所

涉及的所有参与者组成。供应链不仅包括制造商和供应商，还包括承运人、仓储、零售商和客户本身"。

供应链还关注"从原材料阶段到最终用户的所有与货物流动和转换相关的活动，以及相关的信息流。物流和信息流在供应链中双向流动"（Handfield and Nichols，2002）。

Waters（2007）从材料和信息转移的角度定义了供应链："供应链是有形和无形的物质从最初的供应商移动到最终客户所经过的一系列组织及其活动。"

Christopher（2016）定义了供应链的价值："供应链是一系列组织组成的网络，通过上下游之间的联系，参与不同的进程和活动，在最终消费者手中以产品和服务的形式产生价值。"

在以上定义的基础上，我们可以详细地描述供应链概念的一些共同要素。

（1）供应链的参与者是客户、零售商、经销商、制造商和供应商（见图1-3）。

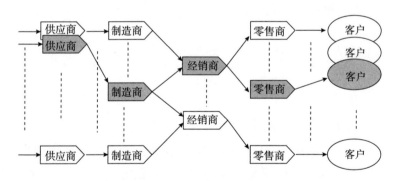

图1-3 供应链网络中的供应链方案（灰色部分）

1）客户（Customer）是购买和使用产品的公司或个人。公司可能会购买一种产品，以便产出另一种产品，然后再将其销售给它的客户。实际中，客户也可能是为了消费而购买产品，这样的客户是产品的最终用户（也称为终端消费者）。

2）零售商（Retailer）是直接向终端消费者销售产品的商业公司或个

人。为了实现利润，零售商寻找与他们的商业目标相匹配的产品，并寻找最具价格竞争力的供应商。一般来说，零售商可以从经销商或批发商那里购买小批量商品。例如，一个零售商想要购买十几件灯具，可以联系灯具经销商询问价格。

3）经销商（Distributor）是购买并储存制造商的产品，以便将部分产品交付给零售商或最终消费者。他们的购买量通常比个人消费者大很多，以供应给工厂。因此，经销商可以通过库存产品来"吸收"零售商需求的波动，以确保客户都能获得产品。经销商也被称为批发商。

4）制造商（Manufacturers），也被称为制造工厂或生产商，是生产产品的公司。制造商通过涉及原材料、部件或装配的物理过程来制造商品，通常规模大，在不同的工人中进行不同的操作。

5）供应商（Suppliers）是指开采矿产、钻探石油和天然气，以及砍伐木材的实体，还包括耕种土地、饲养动物或捕捞海鲜的组织。

（2）供应链的作用是建立产品加工和分销渠道。

（3）供应链中的产品流是从采购（原材料）开始的，最终将成品交付给终端消费者，诸多供应链职能支撑其管理，如图1-4所示。

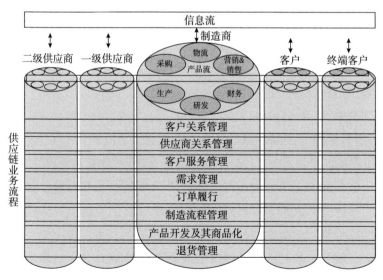

图1-4　供应链业务流程的集成和管理

资料来源：Cooper 等（1997）、Tseng 等（2005）。

供应链通常关注不同层级之间的信息流、产品流和资金流，并包含许多职能，如新产品开发、市场营销、运营、分销、财务和客户服务。因此，图1-4所示的贯穿整个供应链的详细业务流程如下：

1）客户关系管理（Customer Relationship Management）包括与客户建立一对一的关系，以保持持续的业务关系，为公司增加价值。

2）供应商关系管理（Supplier Relationship Management）旨在使公司与其供应商之间的业务流程合理化。它显著地提高了采购货物、服务和库存管理的效率，并使从供应商的角度控制生产成本成为可能。

3）客户服务管理（Customer Service Management）是跟踪遇到问题或发起投诉的客户。这个功能的主要目的是找到这些问题的解决方案，回答关于产品的所有技术问题，并尽可能地令客户满意。

4）需求管理（Demand Management）涉及一套管理流程，是预测商品和服务的需求（基于市场销售历史），做出相应规划并对预测进行评估。通常，在供应链的流程中，需求管理会被集成到销售和运营计划中。

5）订单履行（Order Fulfillment）包括接收、处理和向最终客户交付订单的所有过程。

6）制造流程管理（Manufacturing Flow Management）是"一组供应链管理流程，它包括在工厂内部调动产品并在供应链中获得执行和管理流程的所有必要活动"（Goldsby and García-Dastugue，2003）。

7）产品开发及其商品化（Product Development and Commercialization）是"一组供应链管理流程，它提供与客户和供应商共同开发新产品并将其推向市场的体系"（Rogers et al.，2004）。

8）退货管理（Returns Management）是处理与退货和逆向物流相关的活动。此流程负责控制逆向产品流，旨在减少可避免的退货和管理可重用资产。

供应链创造价值的形式是终端消费者手中的产品和服务。在供应链的定义中，供应链的价值起着重要的作用。每一条供应链的目标都应该是创造最大的总价值。这个价值也被称为供应链盈余，是由供应链产生的。供应链盈余是最终产品对消费者的价值（消费者价值）与供应链响应客户需求所带来的成本（供应链成本）之差。其中，消费者价值是指消费者为产品或服务支付的价值；供应链成本是指为消费者服务的成本，包括原材料成本、生产成本、原材料和成品的库存成本、运输成本、人工成本等。

基于上述各种观点，我们定义：

> 供应链是由供应商、制造商、经销商、零售商、承运人及仓储设施等相互依存的实体组成的网络，建立了产品从采购（原材料）到交付终端消费者的加工和分销渠道，同时以产品和服务的形式创造价值。

1.1.3　供应链管理：决策层次和决策功能

至今，供应链管理已有 40 多年的历史，诸多定义强调了它的主要思想。通过整理这些定义，供应链管理的核心思想逐步凸显。综合这些定义，我们将给出本书对供应链管理的定义。

"管理供应链的目标是使客户的需求与供应商的物料流同步，以便在高客户服务水平、低库存和低单位成本这三个经常被视为相互冲突的目标之间实现平衡。"[①]　其中，关于物料流、价值创造和客户满意度的概念是最值得保留的。

关系网络的概念是在 La Londe 和 Masters（1994）的研究中提出的。供应链管理被定义为"一个概念，其主要目标是从跨多个功能和多个供应商层的整体系统视角来集成和管理物料的采购、流和控制"。

Cooper 等（1997）定义"供应链管理是一个管理从供应商到最终用户的分销渠道中的流的综合体系"。在此，供应链中物流的概念被描述得很清晰，但物流仅具有单向流动的特点。

物流、资金流和信息流在 Nishat 等（2006）的研究中得到了说明："供应链管理需要管理组织内部和组织之间几个功能领域的复杂信息流、物流和资金流"。该研究还阐明了内部和外部关系网络，而客户服务功能却在供应链管理的这个定义中缺失了。

Tang（2006）提出供应链管理包括三个方面：一是物流、信息流和资金流；二是关系网络；三是组成供应链的实体。供应链管理被定义为"通

---

① Stevens G C. Integrating the Supply Chain [J]. International Journal of Physical Distribution & Materials Management, 1989, 19 (8)：3-8.

过组织网络（供应商、制造商、物流供应商、批发商/经销商、零售商）对物流、信息流和资金流的管理，旨在为消费者生产并交付产品或服务"。然而，这个定义缺少了价值创造和客户满意度的理念。

供应链协调和供应链效率的理念在 Hugos（2010）的研究中提到："供应链管理是指在供应链的参与者之间协调生产、库存、位置和运输，以响应市场和提高效率。"

最终，供应链管理专业协会（Council of Supply Chain Management Professionals，CSCMP）给出了基于物流管理的供应链管理的定义。CSCMP 定义物流管理为："物流管理是业务的一部分，计划、执行以及控制货物、服务和相关信息在供应链上下游之间高效、有效地正反向流动和存储，以满足客户的需求"。供应链管理包含采购、转换和物流管理涉及的所有活动的计划和管理，CSCMP 定义供应链管理为："供应链管理是一种整合功能，其主要职责是将公司内部与跨公司的主要业务功能和业务流程连接成一种具有凝聚力和高绩效的业务模式。它包括上述所有的物流管理活动，以及生产运营，并推动与营销、销售、产品设计、财务和信息技术之间的流程和活动的协调。"

根据这些定义，我们可以归纳出供应链管理的几个要点：

（1）供应链中的物流、资金流和信息流。

（2）客户服务及其满意度。

（3）内部及外部的关系网络。

（4）价值创造。

（5）供应链效率。

（6）组成供应链的实体。

基于这六点，我们将供应链管理定义为：

> 通过组织网络对物流、资金流和信息流进行管理，支持协调供应链参与者生产并交付产品或服务给客户。供应链管理的主要目标是保证客户满意度，并在供应链的每个阶段创造附加价值。

在给出供应链管理的定义之后，我们必须讨论供应链决策，以便理解其主要功能如何运作，以实现先前提出的目标。根据层级维度，供应链决策阶段可以分为设计阶段、规划阶段和运营阶段，具体取决于应用决策的时间范围。供应链设计阶段的决策制约规划或使规划能良好地制定，而规划进而制约运营或使运营能有效地进行。

（1）供应链设计——战略决策层：在这一阶段，公司决定未来几年如何构建供应链。这一阶段决定供应链的配置、分配的资源，以及后续各阶段执行的流程。战略决策的内容包括外包或在公司内部执行某种供应链功能、生产和仓储设施的位置、生产能力和仓储能力、产品制造和存储的位置、运输方式、使用的信息系统类型等。

（2）供应链规划——策略决策层：在这一阶段，决策的时间范围是一个季度至一年。因此，假设供应链的配置是在战略决策阶段确定的。此配置制约后续阶段必要的规划决策。规划的目的是最大化规划周期内可以产生的供应链盈余，而这一盈余的最大值在战略决策层或设计阶段就已被确定。规划阶段由公司对未来一年（或类似的时间范围）的预测开始，预测内容包括产品需求和一些其他因素，如生产成本以及产品在不同市场的价格。规划会涉及各个方面的决策，如哪些市场将从哪些地点供应、生产的分包、库存策略、营销与打折促销的时间点和规模。

（3）供应链运营——运营决策层：此阶段决策的时间范围为每周或每天。公司的决策集中在单个客户的订单上。在运营层的决策中，供应链配置是固定的，并且已经制定了规划策略。以可实现的最佳方式来处理成交的客户订单是供应链运营的目标。客户订单处理流程为：公司将商品库存量或生产量分配给单个订单→设定订单的交付日期→在仓库生成提货清单→为此订单选择特定的运输方式和承运方→设定承运方的交货时间表→向供应商发出原材料的补货订单。运营决策的需求信息不确定性较小，这是因为它们是为短期的（分钟、小时或天）活动做决策。考虑由供应链配置及规划策略而产生的制约条件，减少不确定性和优化绩效是运营阶段的目的。

本书聚焦供应链管理的策略决策层，即供应链规划，因此，有必要更详细深入地介绍这一部分内容。供应链规划是根据供应链流程（采购、生产、运输和销售）和供应链决策的层级结构，由几个功能组成的，如战略网络规划、总体规划、采购和物料需求计划（MRP）、生产计划和调度、配送计划和运输计划等。供应链规划矩阵（Meyr et al.，2002）如图 1-5 所示，其主要的供应链管理功能被展示在一个二维坐标系中，横轴是供应链流程，纵轴是供应链管理的层级结构。

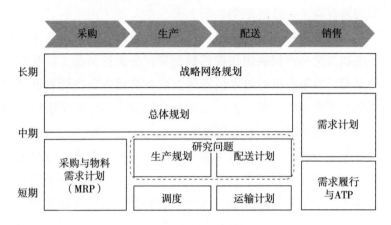

图1-5　供应链规划矩阵

（1）战略网络规划。

战略网络规划包括采购决策、生产决策、配送决策和长期销售决策，特别是工厂选址决策和市场分销渠道结构设计。哪些产品分配到哪些市场是在战略销售规划中决定的。这个功能还给出供应链的设计和供应商与其客户之间的物料流动路径。

（2）总体规划。

总体规划包括中期规划层面的采购、生产和配送决策。这些决策不仅包括生产、运输、供应能力、库存空间的使用决策，还包括供需之间的平衡决策。当库存、超市交付、生产和运输的总成本被最小化时，获得生产和运输数量的决策。规划的周期应该足够长，以包括整个需求高峰。

（3）采购与物料需求计划。

采购与物料需求计划包括两个方面，如管理运营层面的决策，在多阶段生产环境下制订零部件的生产计划和补货订单。在物料需求计划中，根据成品的需求时间点，制订零部件的需求计划。确定零部件的需求后，向相应的供应商发出采购订单。

（4）生产规划和调度。

生产规划包括制订企业内部的生产计划、确定并筹备需要的生产设备

（Fargher and Smith，1996）。为了更好地服务不同客户，生产计划需明确人员、材料和生产能力的资源配置。生产计划定期为一个具体的时间段而制订，称为规划周期。生产规划是在需求规划的基础上制定的，包括三个任务：确定生产批量、机器调度和车间控制，其目标是在相对较短的时间内为车间制定具体的生产时间表。生产规划关注中期层的决策，而生产调度则关注短期层的决策。根据行业的不同，生产规划和调度的规划周期从一天到几周不等。在需要详尽决策的短期决策层，这些具体的决策很大程度上取决于生产系统。因此，对于不同的公司，生产规划和调度是专业化的。如果存在多阶段的生产流程和产品建构，公司需综合考虑各阶段的情况制订计划。

（5）配送计划和运输计划。

配送计划关注中期层决策，而运输计划关注短期层决策。SteadieSeifi 等（2014）区分了配送计划与运输计划。作者的分析基于规划问题的决策周期，考虑了战略决策层、策略决策层和运营决策层。策略决策层的规划问题更多地关注服务和运输方式的最佳选择、资源的分配、综合交付数量的确定和日程规划。运营决策层仍然关注与策略决策层相同的目标，但是对于实时需求、动态的短期问题有了新的考量。根据这个观点，我们假定：

● 配送计划更多地被认为是在策略决策层实施的一种规划功能，它规定了一个周期内每个时间段从托运人到客户的货物转移数量。配送计划有时也涉及选址——位置覆盖问题。这个决策层的时间范围可以是一个月、几天或一天。

● 运输计划是一项运营职能，负责确定日程并使其合理化，以确保为客户提供最佳的服务质量。

> 重要提示：尽管前面讨论了配送计划和运输计划的差异，并且由于承运人是本书研究中供应链的主要参与者，我们决定交替使用"运输计划"或"配送计划"这两个术语来指代中期规划问题。

（6）需求计划。

需求计划应该实现预测客户对一组产品未来需求的目标。需求计划在中期决策层做决策，大多包含多个周期，通常为 12~24 个月。在需求计划中，确定产品、客户和时间数据的准确性是一项相当重要的任务。例如，之前的计划运行、历史客户订单、发货等，都被用来预测数据。

（7）需求履行和 ATP。

需求履行和 ATP（Available To Promise）给出在短期决策层满足当前客户需求的途径。这一过程确定当前和未来的供应量及产能，以便决定是否接受新的客户订单。需求履行过程改进了传统的根据库存和供应量提前接订单的方法，为客户提供了快速、可靠的订单承诺，而传统的方法往往导致订单承诺难以实现以及准时交货量的减少。

> 本书关注中期决策，包括生产规划、配送计划、运输计划。生产规划根据交货计划、生产能力、成品库存能力、产品所需的生产提前期等，同时考虑各种成本，制订一个月左右的生产计划。配送计划是根据需求和生产计划的约束，按月制订交货计划。承运人根据交货计划和运输能力提议运输计划。事实上，在这项研究工作中，生产规划、配送计划、运输计划被认为是相互依存的。

在理论研究中，零部件被认为是无限的，不需要补充。因此，本书的研究不涉及采购与物料需求计划。制造商每个月从客户那里收到的需求是确定的，因此需求计划不是本书的研究对象。

> 策略决策是本书的研究对象，因而本书重点关注供应链规划，特别是生产规划和配送计划。本书协调运输活动与生产活动，为制造商和承运人提出可达成一致的生产计划、交货计划和送货计划。

1.2 供应链协作

协作对于供应链中所有参与者在效率方面获得最佳解决方案是必要的。如果供应链中的协作是不充分的或低效率的，就会出现低效的生产、过剩的库存和膨胀的成本（Li，2007）。供应链协作处理组织间的关系，使其参与者达成一致，投入资源，共同实现目标，共享信息、资源、报酬和责任，同时共同作出决策并解决问题（Soosay et al.，2008）。在本节中，我们首先将供应链视为一个去中心化管理的控制系统；其次讨论协作的一般概念，描述供应链管理中的各种协作模式和主要协作方法；最后提出本书在供应链协作方面的定位。

1.2.1　将供应链视为一个去中心化管理的控制系统

为了理解供应链协作的概念，介绍中心式体系结构和去中心式体系结构的概念是必不可少的（即使这些是控制系统领域的概念）。下面介绍中心式体系结构和去中心式体系结构在供应链中的应用。

1.2.1.1　中心化管理式供应链结构

决策单元（Decision Making Unit，DMU）可能不仅包括一个决策者（人或人工智能），还包括一些人和机器，DMU 从其他参与者那里接收信息，同时在自身内部生成信息、处理信息并产生决策。注意，最小的 DMU 是决策者自己。一个较大的 DMU 可以包括决策者、系统分析师和计算设备。决策之前，DMU 从其下属子系统收集信息。

将这种范式应用到供应链中，供应链参与者必须由 DMU 进行协调。供应链参与者根据从这个 DMU 接收的决策框架执行动作。中心化管理式供应链结构可以包含唯一的控制中心（Chankong and Haimes，2008），通过管理所有的信息和决策，完全控制和协调整个供应链中的参与者。中心式体系结构如图 1-6 所示，圆形表示供应链参与者；矩形表示 DMU；虚线箭头表示供应链参与者发送到 DMU 的信息；实线箭头表示 DMU 的决策。中心式体系结构的优劣为：DMU 完全控制供应链，可以做出最优决策，以实现供应链目标。但是，DMU 需要收集大量的信息进行分析和处理。使用中心式体系结构的供应链，在信息交换或决策制定过程中发生的任何故障或误差，都可能对其造成极大的影响。

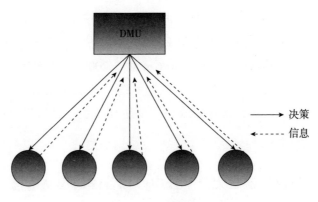

图 1-6　中心式体系结构

1.2.1.2　去中心化管理式供应链结构

中心化的决策系统忽略了参与者的独立性，因此，大多数实际的供应链系统都是去中心化管理的（Wang et al.，2004）。去中心式体系结构包括多个包含 DMU 的参与者。换句话说，每个合作伙伴都有自己的决策。去中心式体系结构的一种可能情况如图 1-7 所示，其中，矩形表示去中心式体系结构中融入了 DMU 的参与者；虚线箭头表示信息共享。每个参与者可以决定是否与其他参与者建立合作伙伴关系，也就是说，每个参与者可以决定是否与另一个参与者共享信息。每个参与者都做出自己的局部最优决策，并对自己的发展负责。

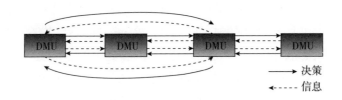

图 1-7　去中心式体系结构

在去中心化管理式供应链结构中，不存在控制所有参与者的 DMU。因此，不能保证每个参与者的局部决策与供应链的全局最优解决方案相一致。当供应链参与者之间的决策发生冲突时，为了解决问题，建立合作伙伴关系的各参与者通过交换交易的订单信息以及反馈各自的决策进行磋商，从而达成一致的决策。当各参与者不能找到一致的解决方案时，参与者之间的合作伙伴关系就会破裂。去中心式体系结构是灵活的，能够很好地保护企业的私密信息。然而，这些决策是局部最优，而不是全局最优。

> 在本书中，每个供应链参与者都可以有自己的决策。从这个角度来看，供应链大体上被认为是一个去中心化的决策系统。当然，信息共享是合作的必要条件。特别之处是，供应链的管理者可以拥有每个供应链参与者的私密信息，并对其他供应链参与者保密。

在此背景下，信息共享是实现合作的重要要求。每个供应链参与者都可以决定与其他供应链参与者共享其部分私密信息，也可以决定对其他供应链参与者保密。下文将提出去中心化管理式供应链的参与者协作原则，可以弥补去中心化管理的缺陷。

1.2.2　协作的概念

去中心化管理式供应链由多个利己的供应链参与者组成，供应链参与者之间的竞争引发了系统效率的降低，竞争背景下供应链参与者所作的决策通常不是全局最优（Wang et al.，2004）。协作是改善供应链效率的显著途径。在供应链管理全球化的背景下，企业不得不寻求有效的协作方法来协调物流。"协作是一个或多个组织为实现共同目标而建立的一种互利且界定明确的关系。这种关系包含以下承诺：相互关系和目标的定义，共同开发的体系和共同责任；为了共同的成功而相互信任以及共担责任；分享资源和报酬"（Mattessich and Monsey，1992）。综上所述，为了帮助供应链参与者一起高效地工作，实现高供应链绩效，即按时交付、低成本地提供产品和服务等，协作是必须的。

以下两点对于供应链中的成功协作至关重要：一是确保各供应链参与者的收益不低于供应链合作前的收益，并合理分配合作总收益；二是供应链参与者没有足够的动机偏离系统的最优合作解决方案。

物流、库存管理、预测、生产、运输的决策需要供应链协作，它关注于组织间的流的同步。在分布式系统中，不同的参与者之间总是存在不同的、相互冲突的目标。然而，每个伙伴所作的决定应该是协调的。例如，制造商的交付决策和承运人的送货决策应该是同步的。如果制造商不能提供足够的产品或承运人不能运送全部的交付产品，制造商和承运人之间就会产生矛盾。供应链的各个方面都是动态的，因此协调的必要性就更加凸显。

行文于此，我们有必要简短地介绍一下"牛鞭效应"。它源于协作的缺乏，指的是多家企业组成的供应链的下游客户需求变化幅度的放大影响上游企业（Metters，1997）。有时，"牛鞭效应"被称为"需求放大"或"变化幅度放大"。客户需求的微小波动会造成供应链另一端制造商/供应商的巨大波动，如图1-8所示。的确，当客户需求出现小幅增长时，上游供应链——仓库、配送中心和制造商/供应商都会采取相应的解决方案来保持库存量，以应对未来客户的潜在增长需求。这种效应是由不充分的信息共享导致的，是缺乏协作的结果。

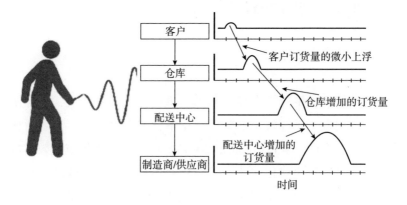

图1-8 "牛鞭效应"

为了测量"牛鞭效应"，诸多研究者提出了建模的方法。Wang 和 Disney（2016）研究中的"牛鞭效应"模型的元素涉及需求、预测策略、时间延迟、订货策略和信息共享，实体则包含客户与供应商，如图1-9所示。这些元素对需求放大既有积极的影响，也有消极的影响。

减少供应链的节点数量是解决"牛鞭效应"问题的一种可实现途径。供应链一体化或许是实现这一目标的一种可能方式。值得注意的是，这种解决方案是通过供应商管理库存（VMI）实现的，VMI是著名的供应链协作方法之一，将在1.2.4节中介绍。

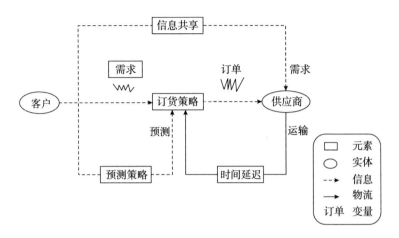

图 1-9　典型的"牛鞭效应"模型

1.2.3　协作模式

协作模式定义了供应链参与者如何有效地协作。每一种特定的协作模式都传递着不同水平的信息量。协作模式还声明一组规则,指定供应链中不同协作参与者的动作。根据信息交换的性质,四种协作模式包括合同模式、信息共享模式、联合决策模式及谈判模式,协作程度如图 1-10 所示。

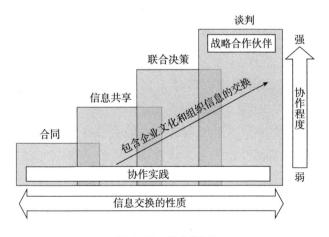

图 1-10　协作程度

（1）合同模式。

一般来说，合同是由两方或两方以上自愿商定，可以作为在法律上强制执行的具有约束力的法定协议（Ryan，2006）。在供应链中，合同是规定两个或多个供应链参与者之间履行或禁止的确切行为、服务和待交付产品的协议（Pawar et al.，2016）。为了增加供应链的总利润、减少过剩的库存或降低库存成本、使供应链参与者共同承担风险，Cachon（2003）、Amrani–Zouggar 等（2009）提出了不同种类的合同，如回购合同、收入共享合同和灵活订购量合同。

（2）信息共享模式。

在协作的任何阶段，涉及的供应链参与者相互分享其私密信息，如成本、质量和计划等，称为信息共享。供应链参与者可以通过信息共享来协作，包括有关需求、订单、库存、销售终端（POS）数据等信息（Francois et al.，2006）。信息共享模式在某些情况下具有减少库存和节约成本的优势。

（3）联合决策模式。

联合决策指供应链参与者共同作出决策而不是各自决策。通过供应链参与者的联合决策，供应链绩效在诸如人力、技术、战略等方面得到了改善。联合决策的典型案例是 VMI 和协同计划、预测和补给（CPFR），将在1.2.4 节中详述。

（4）谈判模式。

谈判是目标冲突的两方或两方以上供应链参与者达成折中解决方案的一种方式。

1.2.4　供应链管理中的协作方法

关于协作的文献研究主要聚焦在特定供应链参与者与其上游、下游实体的关系。有关这类协作的主要方法有以下四种：VMI、CPFR、有效客户响应（ECR）和联营。下面介绍与我们研究问题相关联的前三种。

（1）VMI。

在 VMI 中，某些产品信息从客户（买方）发送到该产品的供应商（卖方）。通常，在产品的消费地点（一般是商店），供应商负责维持相应的产品库存；供应商和客户共同管理和优化客户所需产品的库存。因此，供应商可以监督产品的库存，并计划其客户的库存补充。通过这种方式，供应商可以获得所有需要的数据，如销售记录、促销数据和历史数据，以决定最优库存水平，并制订补货计划。VMI 可以同步生产速度和消费速度，从而有效地防止"牛鞭效应"（Chan and Chan，2006）。在 VMI 的实施中，客户对供应商的信任是非常必要的，其业务依赖于供应商适宜的库存管理。

（2）CPFR。

CPFR 不仅如 VMI 一样关注有效补充库存方面的协作，而且还将视野扩展到计划和预测。美国运营管理协会对 CPFR 的定义为："供应链贸易参与者可以共同计划关键的供应链活动，共同参与从原材料的生产和交付到最终产品的生产以及交付给最终客户的协作过程"（Li，2007）。CPFR 已由美国自愿性跨产业商务标准协会（Voluntary Inter-industry Commerce Standards，VICS）制定为规范流程，并在 300 多家公司（VICS，2008）内实施。当买卖双方基于对销售、促销和相关供求信息的共同认知而进行协作时，更多相关信息的交换有助于提高预测的准确性。

（3）ECR。

ECR 是"通过零售商、批发商和制造商之间的密切合作来提高对消费者服务水平的一种策略"（Reyes and Bhutta，2005）。在 ECR 中，零售商和供应商共同努力以提高服务水平，从而满足消费者的需求，零售商降低了其库存和相关的手续费。ECR 通过信息共享和联合决策，实现信息与供应链的完全整合。

本书聚焦于具有不同属性的供应链参与者在规划决策层的去中心化协作，研究了两种协作情况：一种是多个承运人协作来满足制造商的配送需求（同一种类的供应链参与者协作实例）；另一种是制造商与相关的多个承运人协作服务于客户的需求（不同种类的供应链参与者协作实例）。

小 结

本章依次介绍了物流、供应链和供应链管理的概念，然后讲述供应链中的协作问题，逐步界定了本书研究的范畴。

策略层决策是本书研究的对象。事实上，本书聚焦供应链规划，特别是生产规划和配送计划。值得注意的是，"运输计划"和"配送计划"这两个术语在本书中都指中期规划问题。

本书关注生产活动和配送活动的协作，不同种类的供应链参与者合作，并保留他们自己的决策权。从这个角度来看，供应链大体上被认为是一个去中心化的决策系统。当然，信息共享是合作的必要条件。值得一提的是，供应链管理者需要每个供应链参与者的私密信息，并对其他供应链参与者保密。

本书介绍了两种情况的供应链协作：一种是多个承运人协作满足制造商的配送需求（同一种类的供应链参与者协作实例）；另一种是制造商与相关的多个承运人协作服务于客户的需求（不同种类的供应链参与者协作实例）。

下一章将重点讲述供应链中的配送与运输，并为本书的研究选择适合的运输方式。

02

第 2 章

供应链中的
配送与运输

第 1 章介绍了物流、供应链和供应链管理的概念，逐步界定了本书的研究范畴。配送/运输计划是本书研究中非常重要的一部分。因此，本章介绍配送与运输的知识要点，以及物流外包的相关内容。

2.1 节介绍供应链中的配送活动，包括配送设施的功能、配送权衡、配送指标等内容。2.2 节介绍供应链中的运输活动，包括运输方式、涉及的服务及运输绩效等内容。2.3 节介绍物流外包的相关情况，包括第三方物流、第四方物流、第五方物流，以及物流外包的优势与风险。

2.1 供应链中的配送活动

在一定的区域范围内，根据客户的要求，对商品进行拣选、加工、包装、分割、组配等作业，并按时送达指定地点的物流活动称为配送。配送是物流中一种特殊的综合活动形式，包含了物流中的若干功能要素。从物流角度来讲，配送几乎涵盖了物流所有的功能要素，在某个小范围中体现了物流的全部活动。

2.1.1 配送在供应链管理中的角色

一般意义上的配送集装卸、打包、运输、存储于一体，通过这一系列的活动实现将货物送达的目标。配送的作用主要表现在以下三个方面：

（1）配送能够促进物流资源的合理配置。

现代物流正朝着科学化、合理化、全球化、信息化、网络化和智能化等方向发展。现代物流的本质是保障货物移动的低成本运作和面向客户的高效率服务的实现，配送在这一过程中发挥着重要作用。

（2）配送是降低物流成本的有效途径。

现代配送是以专业化为基础的综合性的流通活动。配送对于降低物流成本的意义体现在供应链物流上，是以配送的库存取代分散于生产企业的库存，进而以配送供应系统取代企业内部的供应系统。同时，由于现代化、智能化的配送设备和技术手段的采用，配送活动更加灵活、高效，从而使一些生产企业的实现"零库存"生产成为可能。

（3）配送能够有效促进物流的组织化和系统化。

配送作为现代物流的重要内容，其发展体现着分工的专业化和物流资源配置的整合程度。

配送可以根据配送组织者、配送时间及数量、商品种类及数量、供应主体等分类，如下：

（1）根据配送组织者分类。

1）配送中心配送。

●优点：①规模比较大，专业性比较强，与客户之间存在固定的配送关系；②配送能力强，配送距离较远，覆盖面较宽，配送的品种多，配送的数量大，可以承担工业生产原材料的配送以及向零售实行补充性配送等。

●缺点：投资较高，灵活性与机动性较差。由于拥有配套的大规模实施配送的设施，其投资大，并且一旦建成便很难改变，所以灵活与机动性较差。

2）仓库配送。

●优点：投资较少、建设时间较短，适合于开展中等规模的配送。

●缺点：配送的规模较小，专业化水平较低。

3）零售配送。

●优点：灵活、机动，适用于小批量、零售商品的配送。

●缺点：一般无法承担大批量的商品配送。

4）生产企业配送。

●优点：由于具有直接、避免中转的特点，所以在节省成本方面具有一定的优势。

- 缺点：这种配送方式多适用于大批量、单一产品的配送，具有一定的局限性。

（2）根据配送时间及数量分类。

1）定时配送。

- 特点：时间固定，易于安排工作计划，易于计划使用设备，也易于安排接运人员和接运作业。

2）定量配送。

- 特点：备货工作相对简单，而时间规定不严格，为将不同客户所需的物品拼凑整车运输、充分提高运力利用率提供了机会，并对配送路线进行合理优化，达到节约运力、降低成本的目的。

3）定时、定量配送。

- 特点：兼有定时、定量配送两种方式的特点，对配送的要求比较严格，管理和作业难度较大。需要配送企业有较强的计划性和准确度。

- 适用场合：生产和销售稳定、产品批量较大的生产制造企业，大型连锁零售的部分商品以及配送中心。

4）定时、定量、定点配送。

- 特点：这种配送形式一般事先由配送中心与客户签订配送协议，然后双方严格按照协议执行。

- 适用场合：配送中心一般与客户有长期、稳定的业务往来，这对于保证物资供应、降低企业库存非常有利。

5）定时、定路线配送。

- 特点：对于配送中心来说，易于安排车辆和驾驶人员，以及接、运货工作；对于客户来讲，既可以对一定路线和时间进行选择，又可以有计划地安排接货力量。

- 适用场合：消费者比较集中的地区。

6）即时配送。

- 特点：可以灵活高效地满足客户的临时需求，但是对配送中心的要求比较高，特别对配送速度和配送时间要求比较严格。

- 适用场合：通常只有配送设施完备，具有较高的管理和服务水平、较高的组织和应变能力的专业化的配送中心才能大规模地开展即时配送业务。

　　7）快递配送。

　　●特点：与即时配送相比更为灵活、机动。其服务对象为企业和个人，覆盖范围较广，服务时间随地域的变化而不同。

　　●适用场合：配送的物品主要是小件物品。

　　(3) 根据配送商品种类及数量不同分类。

　　1) 单（少）品种大批量配送。

　　2) 多品种、小批量配送。

　　3) 成套配送。

2.1.2　配送设施的功能

　　配送中心是物流配送网络中的枢纽，也是企业实施供应链管理的重要设施之一。配送中心是货物配备、组织对客户的送货工作、高水平地实现供应或销售的一种现代设施。配送中心不仅是专门从事配送活动的特殊经济组织，还是组织运输、送货等活动的物流设施。它接受并处理末端客户的订货信息，对上游运来的多品种货物进行分拣，根据客户订货要求进行拣选、加工、组配等作业，并进行送货。配送中心是配送活动的起始地和集聚地，同时也是物流活动的重要枢纽。货物配送活动主要包括备货、理货和送货等三个流程。配送中心应具备以下几个功能：

　　(1) 采购功能。

　　配送中心需要首先采购所要供应配送的商品，才能及时、准确、无误地为其客户即生产企业或商业企业供应物资。配送中心应根据市场的供求变化情况，制订并及时调整统一的、周全的采购计划，并由专门的人员与部门组织实施。

　　(2) 倒装功能。

　　配送中心配送时为了降低运输成本，一般多采用散装或大包装方式。此外，由于不同的商品来自不同的制造商或流通企业，导致运输包装出现了不同的形式。但是为了方便配送中心达到自动化和机械化作业的目的，这就要求必须对商品进行集装单元化作业，即对其进行倒装作业。一般情况下，倒装作业多在入库区及出库区的商品整理或进行检验作业时进行。

（3）存储保管功能。

存储一是为了解决季节性货物生产计划与销售季节性的时间差问题；二是为了解决生产与消费之间的平衡问题。为保证正常配送的需要，满足客户的随机需求，配送中心不仅应保持一定量的商品储备，而且应做好储存商品的保管保养工作，以保证储备商品的数量，且确保质量完好。

保管功能作为配送中心的一项主要功能，和一般意义上的仓库有所不同。例如，仓库形式、设备组成、平面布置等，要适应于拣选作业、拣选线路、拣选次序及拣选方式等。为了更加充分地利用仓库空间和面积，同时提高所保管商品的出入库频率，随着生产和科技的发展，货架向高层化发展；作业向自动化、机械化方向发展；保管机械向小通道甚至无通道方向发展；库存货位管理和财务管理也向着计算机化的方向发展，配送中心和相关企业的信息交换同时向网络化的方向发展。

（4）分拣功能。

每个企业客户对商品的品种、规格、型号、数量、质量送达时间和地点等的要求不同，为了有效地进行配送，即为了同时向不同的客户配送多种货物，配送中心需要采取适当的方式对组织好的货物进行拣选，并且在此基础上，按照配送计划分装和配装货物。

商品被送到配送中心进行保管时，一般情况下是按照保管单元的具体形式进行分区域存放。但在商品出库时，需要按照客户订单上的商品目录展开拣选。一张订单里可能只有一种商品，也可能有若干种商品；同一订单上的商品有可能存放在一个区域内，也有可能存放在不同区域内；所需商品的数量可能在一个保管单元内，也有可能超过一个保管单元。综上所述，配送中心应该根据具体情况，按一张订单到相关保管区域拣选；或将若干张订单分解，从相关保管区域按要求分别拣选正确数量的商品，然后按订单要求汇总。这些实际情况都提升了配送中心设计上的复杂性。

（5）流通加工功能。

高效、经济的运输、装卸及保管一般都会要求使用大的包装形式。但是，分布在各配送中心以下的零售商和最终客户，一般则需要小包装。为了解决这一矛盾，许多配送中心设有流通加工的功能。流通加工和制造加工有所不同，不改变商品的功能和性能，仅改变商品数量、尺寸和包装形式等。例如，粮油配送中心将大桶包装进一步加工成瓶状的小包装。

（6）集散与送货功能。

配送中心凭借其特殊的位置及拥有的各种先进设施，能够将分散在各个生产企业的产品集中到一起，经过分拣、配装之后发送至各个客户，将配装好的货物按目的地或路线进行送货。运输车辆可以使用自有运输车队或租用外部运输资源。

配送中心需要在其服务范围内，准时地将客户要求的商品按准确的数量送至客户。配送中心需要具有运输设备和运输前后的装卸设备，这是提供良好服务的保障之一。信息管理功能在流通领域也至关重要。信息管理功能可以帮助配送中心更准时地从各供应商处采购各种商品，并按时向服务客户配送，提供优质服务，并且最大程度地降低库存，提高运送的工作效率。配送中心应具有功能完善的仓储管理系统，使其能与各客户及各供应商的信息系统实时对接。

2.1.3　配送权衡

配送权衡主要是配送成本与配送服务水平之间的平衡，通常可以采取以下策略降低配送成本：

（1）混合策略。

混合策略是指配送的一部分由企业自主完成。尽管采用纯策略，即配送活动要么全部由企业自身完成，要么完全外包给第三方物流完成，易形成一定的规模经济，并使管理简化，但由于产品种类多、规格不一、销量不确定等情况，采用纯策略的配送方式超出一定程度，不但不能取得规模效益，反而会造成规模不经济。

混合策略，可以合理安排企业自主完成的配送和外包给第三方物流完成的配送，从而降低配送成本。

（2）差异化策略。

当生产企业拥有多个产品线时，不应对所有产品都按统一标准的客户服务水平来配送，而应根据产品的特点、销售市场等设置不同的库存量、不同的运输方式及不同的存储地点，忽视产品的差异性会增加不必要的配送成本。

（3）合并策略。

合并策略包含两个层次：一是配送方法上的合并；二是共同配送。

配送方法上的合并，是指企业在安排车辆完成配送任务时，充分利用车辆的容积和载重量，尽量做到满载满装以降低运输成本。因产品种类繁多，不仅包装形态、储运性能不一，而且容重比方面往往也相差甚远。一辆车如果只装容重大的货物，往往达到了载重量，但容积空余很多；如果只装容重小的货物则相反，车辆满装，但并未达到车辆载重量。实际上，这两种情况都造成了运输资源的浪费，所以企业应安排合理的轻重配载、不同容积大小的货物计算装车，不但在载重方面达到满载，同时也充分利用车辆的有效容积，这可以通过使用优化方法安排装载实现。

共同配送是一种产权层次上的共享，也称集中协作配送。它是几个企业联合集小量为大量共同利用同一配送设施的配送方式，其标准运作形式是：在中心机构的统一指挥和调度下，各配送主体以经营活动或以资产为纽带联合行动，在较大的地域范围内协调运作，共同对一个或几个客户提供系统化的配送服务。

（4）延迟策略。

在传统的配送计划安排下，大多数的库存是按照对未来市场需求的预测来设置的，这样就存在着预测风险，即当预测量与实际需求量不符时，就会出现库存过多或不足的情况，从而增加成本。延迟策略的基本思想是尽可能在接到客户订单后再确定产品的外观、组装、配送等个性化配置。但是，一旦接到订单后企业就要快速反应，因此，快速的信息传递是采用延迟策略的一个基本前提。

一般来说，实施延迟策略的企业应该具备以下特征：①产品特征：模块化程度高、产品价值密度大、有特定的外形、产品特征易于表达、定制后可改变产品的容积和重量；②生产技术特征：模块化产品设计、设备智能化程度高、定制工艺与基本工艺差别不大；③市场特征：产品生命周期短、销售波动性大、价格竞争激烈、市场变化大、产品的生产提前期短。

实施延迟策略通常采用两种方式，即生产延迟（或称形成延迟）和物流延迟（或称时间延迟），而配送中往往存在产品加工活动，所以实施配送延迟策略既可采用形成延迟方式，也可采用时间延迟方式。具体操作时，延迟策略常常发生在诸如贴标签（形成延迟）、包装（形成延迟）、装配（形成延迟）和发货（时间延迟）等活动中。

（5）标准化策略。

标准化策略就是尽量减少因品种多变而导致的附加配送成本，尽可能多地采用标准零部件、模块化产品。采用标准化策略，要求生产企业从产品设计开始就站在客户的角度考虑怎样节省配送成本，而不是产品产出后才考虑如何降低配送成本。

2.2 供应链中的运输活动

生产活动与运输活动之间的协作是本书研究的对象，本部分将讲述运输活动。在供应链中，运输活动是一个不可忽视的研究领域。本部分将介绍多种运输方式，并特别关注道路运输业务。同时，本部分将研究不同种类的配送链，并提出几种衡量运输绩效的指标。

2.2.1 几种不同的运输方式

供应链中的运输通常是实施货物从出发地（即托运人）到目的地（即收货人）的实物流动的媒介（Lai et al.，2002）。运输方式是用来区分执行运输的方法。一般情况下，对于内陆运输，可以选择铁路、公路和内河运输；对于海外运输，可以使用海运或航空运输。每种运输方式都有其独特的基础设施、交通工具及运营方式。

（1）铁路运输。

在许多国家和地区，铁路在经济和社会发展中发挥着显著的作用，并且铁路运输仍旧是实物在城市之间移动的主要运输方式（Molemaker and Pauer，2014）。铁路主要用于大型、重型物资的运输，如大型机械、煤炭、粮食、化工产品、汽车、钢铁等。

使用铁路运输方式的优势是显而易见的（Lun et al.，2010）。

1）铁路运输整个旅程的平均速度高，这对提供可靠的运输时间特别重要。

2）铁路有效地利用了土地空间（通常由政府规划）。

3）铁路在运输大量物资时具有成本效益，因此可以减轻公路系统中大量重型卡车运行的负担。高固定成本和相对较低的可变成本是铁路运输方式的特点（Coyle et al.，2000），具体如下：

●运营、维护和基础设施建设的费用是铁路运输行业的主要成本。对车站设施的大量投资是铁路行业固定成本高的一个原因。这些车站设施包括货物车场和站点区，前者是列车分区和排班的地方，后者则服务于托运人以及连接的铁路。

●可变成本表明成本与运输距离和货物体积成正比。而在某些可变成本中，如劳动力成本，存在一定程度的不可分割性，因此单位可变成本会随着产量的增加而略有下降。

●铁路运输显著的规模经济是因其高固定成本以及相对较低的可变成本的网络效应而产生的。通常以将固定成本分配给更大运输量的方法来降低单位成本。同样地，当分担固定成本的运输路线长度增加时，铁路的吨千米成本也会下降。

铁路运输的固定成本高、可变成本相对较低，巨额的基础设施建设投资（固定成本）显然是铁路运输方式的缺点。此外，基础设施投资专用于特定区域，建成后不可移动。如果铁路没有得到充分的利用，那么对于其基础设施的投资将导致大量资源的浪费。铁路运输的其他一些缺点说明如下：

1）缺乏灵活性：铁路运输的路线和时间不能根据个人要求进行调整。

2）缺乏送货上门服务：铁路的特定轨道在提供服务之前就已经修建

好了。

3）不适合短途、小批量货物的运输：铁路车站设施的投资花费大量成本。考虑到列车的大载运容量，从经济运营的角度来看，列车满载运行是理想的情况；列车如果非满载运行就会造成经济损失。

4）不适合偏远地区：由于偏远地区对铁路的需求量低（人口数量少），铁路的固定投资高，无法在偏远地区运营。

（2）公路运输。

公路运输是由道路上的大量车辆运作的，每辆车由一名司机独立控制其行驶。由于与其他运输方式相比，公路运输方式的服务质量更高，因此在运输价值较高、时间敏感的产品时，公路运输方式扮演着重要角色。高可达性、快速、可靠、频繁、低损耗和低破损是公路运输方式的一般服务特点，这使公路运输方式相对于其他运输方式具有以下优势：

1）由于道路网络的一般属性，车辆是货物运输（产品中转）最灵活的方式。公路运输可以提供"上门取货"和"送货上门"服务。任何一段行程中的车辆根据实际情况来选择路线都是切实可行的，驾驶员可以根据所有道路使用者知道的信息及他们自己的经验来选择最佳路线。

2）由于车辆由司机操作，货物和车辆的安全更容易受到控制。因此，采用公路运输方式来运输货物按时交货相对更容易。

3）公路运输的基础设施是由政府或其他运输服务运营商设计、建设和维修的，因此，基础设施的费用以客户费用（如过路费）的方式分摊给道路的使用者。由于公路的设计、建设、养护等都由公共机构负责，因此，公路运输企业可以把全部的经营能力集中在其主要业务的发展上。

公路运输是最便捷的交通方式之一，这是因为道路基础设施是公共的。一个广泛的公路网，包括高速公路、隧道和桥梁等关键公共基础设施，覆盖世界大部分地区，具有高可达性。

公路运输方式也存在一些缺点。与铁路运输方式相反，公路运输受限于相对铁路运输较慢的速度，不适合长途运输。再则，公路运输方式不适合运输大宗货物，这是因为车辆的承载能力有限。另外，公路运输方式还受到一些因素的影响，如天气和交通堵塞。在雨季，考虑到安全因素，道路变得不适合用于运输。此外，汽车运输发生事故和故障的概率比铁路运

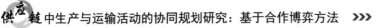

输大。而且，公路运输的成本与燃油价格密切相关。

（3）河运。

河运是一种主要在内陆地区进行的水路运输形式。水路运输是使用水运工具运输的过程，如在水路上使用小艇或轮船。如果船只能成功地通过一条水道，这条水道就被称为通航水道，它可以是一条天然河流、人工运河或与海岸紧密相连的水域。水路运输适用于运输石油产品、化工产品、钢铁、机械、工具、重型设备、煤炭等重型货物。水路运输是最古老的运输方式，促进了许多城市的建设和发展。水运系统是运输系统中切实可行的一部分，与公路、铁路等其他内陆运输方式竞争。水运公司总是提供一体化包裹，如集装箱从海港到内陆货运站的运输和空集装箱的返回（European Conference of Ministers of Transport，2005）。低成本的特点是河运方式相对于其他内陆运输方式的优势。对于非液态产品的运输，成本最低的运输方式一般就是水路运输。管道运输通常是运输液体产品成本最低的运输方式。然而，水路运输的缺点之一是速度慢。与铁路、公路、航空等其他运输方式相比，水路运输的运输时间最长。对水路运输服务的客户来说，有水路接入是必要条件。因此，水路运输的另一个缺点是可达性低。

（4）海运。

海运是水路运输的另一种形式，通常涉及海外货物运输。例如，在集装箱运输链中，海运集装箱承运人的主要作用通常是提供班轮服务。

（5）航空运输。

航空运输是速度最快的现代运输方式。起初，只有乘客、邮件、易腐货物和昂贵的轻量货物才能通过航空运输，但如今的航空运输系统已经变得适用于其他工业和消费产品了。航空运输的重要性逐渐增强。航空运输是将乘客或货物运输到一个国家内不同地区或世界不同国家最快速的方式。

2.2.2 各种运输方式的比较

几种主要运输方式的实际运营环境存在差异（Christiansen et al.，2004），表2-1对以上几种运输方式的优点及缺点进行了概括的描述。

表 2-1　五种运输方式的优缺点比较

运输方式	优点	缺点
铁路运输	快速、可靠，适合大批量货物	基础设施投资成本高
公路运输	适合中短途运输	碳排放量高、运输网络有时处于饱和状态
河运	可靠性高，适合大批量货物	速度慢
航空运输	快速	成本高
海运	成本低，适合大批量货物	速度慢

多式联运可以整合所选方式的优点。例如，铁路—公路联运可以通过公路方式提供上门服务，且铁路方式的吨千米价格较低。然而，多式联运可能会因为运输方式的改变而产生与搬运货物相关的额外成本，至少转换运输方式需要更多的人工成本。此外，如果各承运人之间的沟通不及时，有时可能会出现设备闲置的情况，从而增加运输成本。

每种运输方式的一些细节特征如表 2-2 所示，如这种运输方式适合运输哪一种包裹，这种运输方式是否可以与其他运输方式结合，每种运输方式的速度、成本，等等。

表 2-2　每种运输方式的一些细节特征

特征	运输模式				
	国内运输			海外运输	
	公路运输	铁路运输	河运	海运	航空运输
小包裹（小于 50kg）	是（快递服务）	是（快递服务）	否	否	是（快递服务）
大包裹	否（除特殊物品）	是	是	是	是
重包裹	否	是	是	是	是
联运（集装箱转运）	与铁路运输或海运联运	与公路运输或海运联运	与海运联运	与公路运输或河运联运	—
门到门服务	是	否	否	否	否
速度	快（存在交通堵塞的可能）	快	慢	慢	非常快

特征	运输模式				
	国内运输			海外运输	
	公路运输	铁路运输	河运	海运	航空运输
成本	适中	低	低	低	高
包装要求	—	—	—	强	轻型物品

2.2.3 公路运输业务的供求市场细分

公路运输根据服务特点，有几个传统的细分领域。每个细分领域包裹大小、服务复杂性及价格计算方法的特点都不同。公路运输主要可以分为以下四种类型：

（1）包车（整车）运输。

整车运输通常使用车辆的全部运输能力，只为一个托运人服务，提供带有"上门取货"和"送货上门"服务的公路运输服务，不需要转运。这一细分市场有许多规模较小的参与者，而且这种类型的公路运输方式在物流方面并不复杂。整车运输的主要的缺点是运输服务提供商在提供服务时所能期望的利润微薄。图 2-1 是整车运输的简明表示。

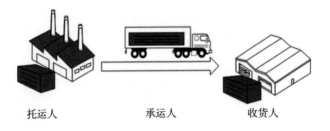

托运人　　　　　　承运人　　　　　　收货人

图 2-1　整车运输的简明表示

整车运输通常使用的定价规则是以固定部分为基础，包括运输服务提供商的固定成本及与运输里程数成比例的可变部分。

（2）拼车运输。

这种类型的公路运输方式是包车（整车）运输的变体。当包裹的体积和重量不需要使用车辆的全部运输容量时，托运人预订车辆的一部分运输容量，几个托运人共享整车的运输容量。在未满载的情况下，运输价格随着托运人数量的增加而逐渐下降。然后，运输服务提供商将根据交付顺序和时间进度表，依次向不同的交付点提供服务。交付顺序和时间进度可以按合同规定执行，或使用优化算法执行整体最优方案。拼车运输的简单示例如图 2-2 所示。

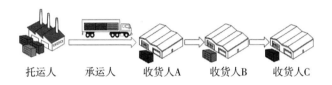

托运人　　　承运人　　　收货人A　　收货人B　　收货人C

图 2-2　拼车运输的简单示例

在许多实际情况中，我们都可以使用拼车运输，拼车运输的三种情况如图 2-3 所示。

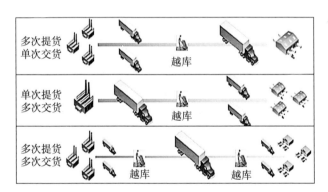

多次提货
单次交货　　　　　　　　　　越库

单次提货
多次交货　　　　　　　　　　越库

多次提货
多次交货　　　　越库　　　　　　越库

图 2-3　拼车运输的三种情况

1）多次提货/单次交货：在启程至唯一的交付点之前会访问多个提货点（完成所有提货之后进行越库作业）；

2）单次提货/多次交货：在服务多个交货点之前，访问唯一的提货点（在交付之前进行越库作业）；

3）多次提货/多次交货：访问多个提货点和多个交货点。

（3）组合运输。

这种类型的公路运输服务适用于重量超过 3 吨的包裹。这意味着运输服务提供商有整包/分包平台，可以在必要时执行大量的转运。组合运输的运输活动步骤为：①取货；②在物流中心进行整包越库作业；③在两个物流中心之间进行大规模运输活动；④在物流中心进行分包越库作业；⑤将包裹配送给客户（见图2-4）。此类型运输服务提供商通常在其自有物流中心之间运营固定运输线路，以此为基础提供运输、上门取货、配送服务。不同的货主共享用于大规模运输的车辆容量，并采用线性原则定价。

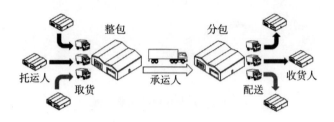

图 2-4　组合运输活动步骤

（4）快递服务。

快递服务（Couriers Services）涉及的运输包裹重量不超过 3 吨，与拼车运输的运作方式有共同点。然而，快递服务和拼车运输在许多方面存在的差异应被指出：首先，在大多数情况下，拣货不是由托运人要求的，而是有一个固定的时间表；其次，包裹处理是工业化的（越库，Cross Docking）；最后，运输价格通常是根据取货区和派送区之间的坐标距离来估计。运输活动的主要市场为此类服务，可从以下三个维度描述快递服务：

1）运输时间：快递服务提供商通过在地理区域内的分组交付点来组织他们的活动，并给出从任何托运区域到每个交付区域的运输时间。

2）重量计分法：按重量值的特定区间（0~10kg、10~20kg 等）计算定价。

3）附加服务：运输服务提供商向客户提供其他服务，如货到付款、包裹跟踪或扩大合同责任等。

图2-5 根据包裹重量、运输范围、是否保证运输时间、运输处理方式和信息处理等，将公路运输活动进行了细分。

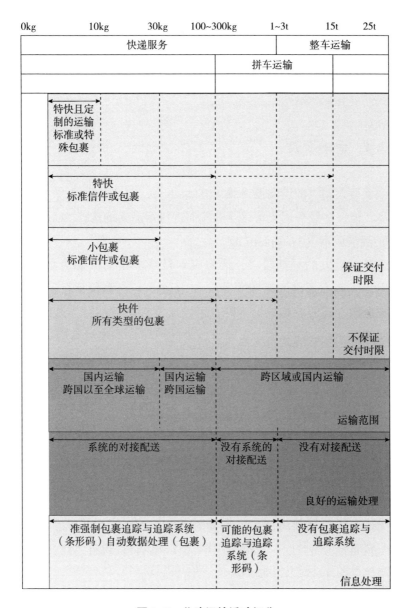

图 2-5 公路运输活动细分

综合这些概念提示如下：

> 本书研究中的公路运输活动主要涉及整车运输。运输计划过程中使用的任何一辆卡车只有一个托运人和一个收货人。本书研究中的运输价格采用经典的定价方法，分为固定部分和可变部分。注意，运输价格计算的主要原理将在本书第 7 章介绍。

2.2.4 运输绩效

各个承运人提供的运输服务质量参差不齐。事实上，选择一个承运人并不容易，但一些服务因素可以帮助我们进行承运人的选择。

（1）运输成本（Transport Cost）。

在选择承运人的早期阶段，运输成本是一个相当重要的参数，运费、装卸费用和承运人提供的特殊服务（如中途停车）都包括在运输费用中。由于每种运输方式的成本结构不同，运输成本会随着运输方式的不同而变化。即使是同一种运输方式，不同承运人的运输成本也会有所不同（Coyle et al.，2000）。然而，运输成本的重要性被削弱，这是因为在当前的物流服务中，提供的服务和运营成本之间的成本权衡更受关注（Gubbins，2003）。

（2）运输时间和可靠性（Transit Time and Reliability）。

运输时间是指从托运人准备好可供发送的货物的时间点到承运人将此货物交付到其目的地的总时间。其中，取货、搬运和交货所需的时间包括在运输时间内。运输时间的稳定性就是承运人的可靠性（Lai and Cheng，2009）。当一个产品是易腐的，运输时间是选择承运人的一个关键参数，这是因为快速交货可以使由产品变质导致的损失最小。让我们看一个例子，当修理一艘船急需备件时，该船必须闲置直到该备件换好。在这种情况下，运输延误导致的损失将比运输成本的影响更显著。

（3）库存和缺货（Inventory and Stock out）。

库存和缺货成本受运输时间和可靠性的影响。当承运人的运输时间较长或不确定时，企业则需要较高的库存水平；当承运人的运输时间不固定时，企业则需要更多的缓冲库存。一个承运人的竞争优势或多或少来自向客户提供运输服务的可靠性。如果承运人具有可靠的运输时间，则可以同时降低客户的库存成本和缺货成本。

（4）可用性和可达性（Availability and Accessibility）。

可用性是指承运人提供所需设备和设施以方便运输特定类型货物的能力。例如，为运送冷冻货物提供控温集装箱是一种可用性。可达性是承运人通过路线提供服务的能力。承运人路线网络的地理限制就是可达性的一个例子。特定承运人是否能够实际完成所需的运输服务取决于可用性和可达性。

（5）安全性（Security）。

安全性是指承运人保持产品具有与从客户处取货时相同状态的能力。间接运输服务成本被视为在安全性的考虑范畴之内，如产品在运输途中的损坏或丢失。考虑安全性可能涉及的损失，产品的损坏或丢失会影响缺货成本，甚至是不可靠的运输时间。

（6）碳排放量（Carbon Footprint）。

在可持续供应链中，碳排放量是选择承运人时不可忽视的因素。Wiedmann 和 Minx（2008）阐明了碳排放量的定义："碳排放量是二氧化碳排放总量专用的度量，二氧化碳排放是在产品生命周期内积累的或由一项活动直接或间接引起的"。不同运输方式二氧化碳排放强度倍数的比较如图 2-6 所示。

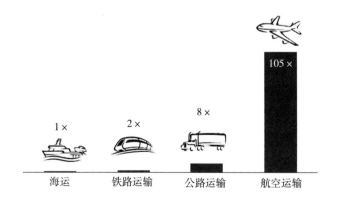

图 2-6　不同运输方式二氧化碳排放强度倍数的比较

考虑将每吨货物运输 1 千米（吨千米）产生的二氧化碳排放量，海运被认为是效率最高的商业运输方式。以吨千米为计算单位，铁路运输、公路运输和空运方式的二氧化碳排放量分别是海运的 2 倍、8 倍和 105 倍（Hoen et al.，2014）。

> 在本书的研究中，所考虑的运输距离是在一个国家内，在实际提供运输服务之前就可以预计运输时间。在此背景下，本书重点关注公路运输方式，这是在本书的整个运输过程中唯一使用的运输方式。

2.3　物流外包

物流外包是指企业为降低管理费用、减少资金积压、集中优势资源、提升效率、合理控制物流成本、增强企业核心业务的竞争力，通过签署物流外包合同的形式将相关物流业务委托给物流服务提供商。

第一方物流是指生产或流通企业将产品或商品送到客户手中的物流运作，也称为供方物流或销售物流，是由供应厂商到各个用户的物流。这些组织的主要业务是生产和供应商品，但为了其自身生产和销售的需要而进行物流网络及设施设备的投资、经营和管理，供应方厂商一般都需要投资仓库、运输车辆等。

第二方物流是指供应链中由分销商承担的采购商品的物流活动，如批发商到工厂取货、送货到零售店等。

如今，外包物流服务已发展至第三方物流、第四方物流、第五方物流。

2.3.1　第三方物流——3PL

供应链管理专业委员会对第三方物流的定义是：将一个企业的全部或大部分物流业务外包给一个专业的物流服务企业。

"第三方物流"这个术语的第一次使用是在 20 世纪 70 年代初，当时是为了在运输合同中引入联合运输公司。在此之前，运输合同只有两方：托运人和承运人。当联合运输公司作为中间人进入市场，接收托运人的货物并将其提供给后方的真正承运人时，他们便成为合同的第三方，即第三方物流企业。如今，这一定义已被拓展，每一个提供某种物流服务的企业都可以称自己为第三方物流。服务提供商将服务集成在一起，包括运输、仓储、交叉配送、库存管理、包装和货物代理发运等。

目前，第三方物流具体指在正常业务过程中仅接收、持有或以其他方式运输产品，但不拥有该产品所有权的人。第三方物流服务提供商是指货运代理、快递公司，以及提供转包物流和运输服务的企业。

2.3.2　第四方物流——4PL

埃森哲最初在 1996 年将第四方物流定义为：能够将自己组织的资源、能力和技术，与其他提供补充服务的提供商的资源、能力和技术进行整合和管理，以提供一个全面供应链解决方案的供应链集成商。

供应链管理专业委员会对第四方物流的定义为：第四方物流与第三方物流的不同之处在于第四方物流组织通常是一个独立的实体，它是其客户与客户合作伙伴之间的中间企业，通常以合资企业或长期合同形式存在。第四方物流组织充当客户和多个物流服务提供商之间的单一接口。在理想情况下，客户企业供应链方面的所有业务都由第四方物流组织管理。第四方物流代表其客户（通常是从生产到最终客户的整个供应链）管理客户的仓储、库存、订单履行、运输和配送。

第三方物流提供商可以通过整合等方式组建第四方物流组织。第四方物流可以提供与第三方物流相同的服务，并且可以提供战略建议和运营支持。第三方物流是物流服务提供商，而第四方物流范围更大，可以作为供应链合作伙伴。第四方物流可以签约以仅管理运营或供应链的特定部分，提供特定范围的服务（如仓储），也可以与第四方物流合作以处理特定地理区域的产品运营。

第四方物流不拥有资产，被称为非资产基础的服务提供商，依靠其团队的专业知识来建立和控制复杂的物流系统，并向客户提供有关组织信息架构、运输、配送以及其他服务的建议。第四方物流的关键在于为其客户提供最佳的增值服务，即迅速、高效、低成本和个性化的服务等，发展第四方物流需要平衡第三方物流的能力、技术等。第四方物流还包括以下功能：供应链再建、功能转化、业务流程再造、开展多功能多流程的供应链管理。

第四方物流为客户带来的效益包括利润增长和降低营运成本，即通过控制整个供应链提高运作效率、降低采购成本、使流程一体化。与第三方物流注重实际操作相比，第四方物流更关注整个供应链的物流活动，这种差别主要体现在以下两个方面，并形成第四方物流独有的特点：

（1）第四方物流提供一整套完善的供应链解决方案。

与第三方物流不同，第四方物流不是简单地为企业客户的物流活动提供管理服务，而是对企业客户所处供应链的整个系统或行业物流的整个系统进行详细分析后提出具有指导意义的解决方案。第四方物流服务提供商本身并不能单独完成这个方案，而是通过物流企业、技术企业等多个企业协助实施方案。第三方物流服务供应商能够为企业客户提供相对于企业的全局最优，却不能提供相对于行业或供应链的全局最优，因此第四方物流服务提供商就需要先对现有资源和物流运作流程进行整合与再造，从而达到解决方案所预期的目标。第四方物流服务提供商的管理过程大概分为四个层次，即再造、变革、实施和执行。

（2）第四方物流通过其对整个供应链产生影响的能力产生增值。

第四方物流服务提供商可以通过物流运作的流程再造，使整个物流系统的流程更合理、效率更高，从而将产生的增加收益在供应链的各个环节之间进行平衡，使每个环节的企业客户都能受益。如果第四方物流服务提供商只是提出一个解决方案，而没有能力来控制这些物流运作环节，那么第四方物流服务提供商所能创造价值的潜力也无法被挖掘出来。因此，第四方物流服务提供商对整个供应链的影响能力直接决定了其绩效，也就是说第四方物流除了具有人力、资金和技术以外，还应该具有与一系列服务提供商建立合作关系的能力。

第四方物流是中立的，管理整个供应链，甚至可以管理客户目前正在使用的第三方物流服务提供商。一部分第四方物流服务提供商已经解决了诸多企业之间的信息对接问题。

2.3.3 第五方物流——5PL

第五方物流专门为第一方、第二方、第三方和第四方提供物流信息平台、供应链物流系统优化、供应链集成、供应链资本运作等增值服务。

第五方物流服务提供商是数字技术企业，对于一些企业来说，第五方物流可能不是一个理想的解决方案。传统企业在使用第五方物流服务时，不会比使用第四方物流服务获得更多的收益。第五方物流企业的关键在于尽可能降低成本，但使用第五方物流的前提是业务流程数字化。与使用值得信赖的第四方物流合作伙伴一样，尽管第五方物流有关于客户机密数据的服务协议，企业还是需要尽量避免选择与同行业竞争对手合作的第五方物流服务提供商。企业在选择第五方物流提供商时，要进行严格的评估，考虑成本节省、效率提高等。

2.3.4 企业将物流外包的优势

企业将物流业务外包给物流服务提供商，有利于企业集中力量发展核心业务，创造更多的客户价值，同时发挥信息技术优势，实现规模效益。企业将物流外包相对于自有物流具有明显的优势，具体表现为以下几点：

（1）提高企业核心竞争力。

减少物流业务方面车辆、仓库及人力的投入，可以使企业专注于核心业务，突破原有的资源限制瓶颈，同时降低物流业务涉及的管理成本。物流服务企业在其成长的过程中会根据业务竞争环境不断优化自己的服务。物流运输业务也是从早期的单线运输服务演变成跨全球、可溯源、可追踪的平台型综合服务，此过程对技术研发的投入是必要的。物流服务企业将研发的技术应用于所有的客户服务中，这对整个供应链而言，是合作的优势，也是资源的优化配置。

（2）通过物流外包降低运营成本。

在企业的运营中，外包部分业务可以节省成本、增加盈利，使企业可以从分离费用中获益。运营成本的降低方法是承接企业通过提高各环节能力的利用率，利用规模经营的专业优势和成本优势，实现费用的节约和效率的增加。

专业的物流外包服务提供商利用规模经济的优势，通过提高各环节能力的利用率实现成本节省。企业为迅速地响应市场的变化，原材料方面需要储存更多的半成品以便后续快速加工流向市场。对于企业来说，在这样的供应链中，物流与仓储的固定投入不可避免，但单一企业的体量无法满足其物流需求，因此将物流整体或部分外包是更好的选择。这样可以降低仓储、车辆等方面的成本投入，将固定成本转化为根据销量变动的可变成本，有效降低企业在营运中的费用。

（3）通过将物流外包分散企业的风险。

通过将物流业务外包，企业降低了库存，加速了产品的周转，从某种意义上降低了风险。物流外包服务提供商由于其专业性，可以为服务企业提供适合的物流计划和运送手段，为企业最大限度地加速库存产品周转，减少库存。生产原材料方面，企业也可以通过将物流外包保证生产计划的按时执行。企业可以借助物流外包服务企业的信息系统及附加服务，实施信息流、货物流及资金流的管理，进而推行标准化的运营服务。

（4）提升企业的市场竞争力。

外包物流服务提供商与其客户是一种战略伙伴关系，利用其物流设施和专业化团队为客户提供服务，在一定条件下可实现对整个供应链的控制，从而减少物流的复杂性，改善用户体验，使客户在物流方面增强市场竞争力。

通过物流业务外包，企业可以满足客户多样化的配送需求，改善交货时间和售后服务等，从而提升客户服务质量，提高客户满意度。物流外包业务可以延伸物流服务范围，从简单的运输向附加客户价值更高的"个性化定制配送"转化，开展从干线运输、区域配送，到"最后一公里""门到门"的全流程服务，从而达到改善用户体验、提升企业品牌价值的目的。物流服务提供商通常具备以下功能：

1）订单协同功能。一体化处理客户的物流订单，进行任务的分解和分配。

2）精细化仓储管理功能。通过设置相应的仓储策略，实现仓储管理的科学化、精细化。

3）资信良好的专业物流公司具备良好的运输质量保障能力，可以承担运输中造成的损失，在运输过程中具有抗风险能力。

4）物流服务提供商的运输车辆可以满足企业产品多频次、小批量的运输要求，并通过应用卫星系统实时监控所有运输车辆。

2.3.5　企业将物流外包的风险

企业物流外包的风险一般是指企业将物流外包时实际产生的效果与预期效果之间的偏差。通常来说，物流虽然不是生产企业的核心业务，但也是企业较为关键的业务之一，企业与物流服务提供商的外包合作应建立在互利共赢的长期战略合作的前提下，物流外包如果产生损失会对企业的战略发展造成影响。因此，企业必须认识到物流外包可能存在一定的风险，其风险特征有以下三点：

（1）必然性。

物流外包的性质决定了企业在进行物流外包业务时必然会面临风险，有来自外部环境的风险，也有来自合作双方内部的风险，但是风险因其性质不同而造成的损失程度不同，并且预防所有的风险是不现实的。

（2）关联性。

企业将物流业务外包时的风险之间有一定关联性，主要体现在参与物流外包业务的各相关体之间的关联和业务流程上的关联。合作双方以及涉及的其他关联方，在合作时会因为业务而产生关联，而在货物的流通、信息的传递中，风险同样也会进行互相传导，因此企业需要将整个物流外包过程及参与各方视为一个整体来预测风险。

（3）不确定性。

物流外包的风险具有不确定性，时间、地点、起因、频率、影响程度、影响范围等都是不确定的。物流外包的风险管理是由一系列行为、程序构成的，风险管理过程包括风险识别、评价、对策等方面的内容。物流外包风险管理首先是识别与评价风险，在识别评价的基础上企业会采取一定的手段来规避风险以降低损失，其本质上是降低损失事件发生的概率来达到目的。在物流外包业务中，企业可以根据风险来源不同采取不同的控制办法，这就要求在风险管理中的识别评价阶段精准定位风险的起因。但对于企业来说，控制风险非常必要的做法是制定风险应急预案，并且根据预案模拟风险发生后预案启用机制，这样才能有效降低风险实际发生时的损失，也是风险管理的目的。一般使用能否指定切实可行且针对性强的风险应急预案来衡量风险管理的效果。

企业将物流业务外包存在的潜在风险主要有以下几点：

（1）企业运营风险。

首先，企业将物流业务外包可能导致生产企业内部信息泄露。企业与物流外包服务提供商合作的紧密性以及提高物流效率的需要，要求双方信息对接，实现相关信息的共享，其中不乏企业的大量机密信息，如销售策略。这样，从销售渠道到市场策略，从经营现状到未来预期，从产品转型到用户服务特点，使用物流服务提供商都会增加企业信息泄密的风险。同时，在某一行业专业化程度高、占有较高市场份额的物流服务提供商都拥有该行业的诸多企业客户，而他们正是企业的竞争对手，因此物流服务提供商与客户企业的信息共享可能会导致企业的运营情况泄露。

其次，存在连带的经营风险。企业将物流外包后，同物流服务提供商的合作一般是长期的。一旦合作，随后如果解除合作关系，双方都需要付出很大的代价。但如果因物流服务提供商自身经营不善导致服务暂停或者合同终止，将直接影响客户企业的经营，尤其会影响交货期紧迫的业务，给企业造成当前和潜在的损失。在合约解除之后，企业需要选择新的物流服务提供商并重新建立稳定的合作关系，往往需要很长的磨合期。这种连带的经营风险，是企业对物流服务提供商的选择风险。

最后，可能引起货主企业业务流程失控。物流外包过程中的信任与沟通风险对于企业物流外包决策有着极大的负面影响。

（2）信息不对称风险。

物流服务提供商与客户企业之间的信息不对称，可能导致双方合作的成本增加，物流服务水平下降。企业物流外包削弱了企业同其用户之间的联系。采用物流服务提供商后，订单集成、产品配送甚至售后服务一般都是由物流服务提供商完成的，直接接触用户的也是物流服务提供商，从而大大减少了企业同用户直接接触的机会。这对建立稳定的顾客关系是不利的，可能会导致企业的用户快速反应体系失灵。

（3）企业文化冲突风险。

企业长期使用某一个物流服务提供商，对企业的效率提升具有潜在好处，但由于合作双方的管理模式存在差异，企业文化相互冲突，可能造成合作双方沟通不畅、业务流程滞后等。因此，生产企业需要建立完善的物流服务提供商评估体系。另外，企业将物流外包往往会影响企业内部业务流程，这就需要企业内部业务流程重组。

（4）企业对物流运作失控的风险。

物流外包的战略优势在于将非核心的物流业务外包出去，集中有限资源提升企业核心竞争力，形成竞争优势。但将物流外包的企业可能会失去对一些产品或服务的控制，从而增加了企业运营的不确定性。而且企业将物流外包后，不能直接控制物流。如果物流服务提供商提供的物流服务存在缺陷，造成配送服务延误，会降低客户满意度。

（5）导致隐含成本增加的风险。

企业在寻找合适的物流服务提供商、谈判、签订合同、管理和监督服务水平的过程中会花费大量的时间，这是使用物流服务提供商的隐含成本。

小　结

"运输计划"和"配送计划"这两个术语在本书中都指中期规划问题。尽管前面讨论了运输计划和配送计划的差异，并且考虑到承运人是本书中供应链的主要参与者，我们决定交替使用"运输计划"或"配送计划"这两个术语来指代中期规划问题。

考虑到本书中的运输距离都是在一个国家之内，运输的理想时间长度在运输服务之前就知道了，因此，本书关注公路运输，这是整个运输过程中唯一的运输方式。更确切地说，公路运输活动中的整车运输方式是本书研究的重点。在本书研究的运输计划过程中，使用的任何一辆卡车只有一个托运人和一个客户（目的地）。本书采用经典方法设定运输价格，分为固定部分和可变部分。

　　本章同时介绍了物流外包的相关内容，其中包括本书研究合作方案中使用的合作伙伴——第四方物流。

　　下一章将重点讲述供应链规划问题的研究现状，并介绍本书研究的协作方法所涉及的博弈论基本概念。

第 3 章

供应链规划的国内外研究现状

本章的目标是提出一种有效的方法来解决协调运输、生产规划决策的问题。为了寻求问题的解决方案，本章将讲述供应链规划的研究背景，重点关注供应链参与者之间的协调问题。本章按主要分类回顾供应链规划的研究，以提供该领域的简明观点。3.1 节讲述中心化管理规划的国内外研究现状，3.2 节介绍去中心化管理规划的国内外研究现状，3.3 节回顾配送与运输计划的国内外研究现状，3.4 节介绍生产与配送联合规划的国内外研究现状。

3.1　中心化管理规划的国内外研究现状

在中心化管理规划中，全部供应链参与者被整合在一起以优化整个供应链绩效。尽管如此，中心代管理规划仍然需要一个可信的共享环境，以便供应链参与者能够接受提供实现整合所需的所有信息。请注意，中心化管理规划并不总是基于实体之间的完全信息共享。

中心化管理规划方法基于一个所有供应链参与者支持其决策的完全模型（Arshinder et al. , 2011）。在这种情况下，完全信息共享的假设是必要的。然后，可以使用基于数学规划的具体方法来求解这些模型，如分解方法（Barbarosoğlu and Özgür, 1999）或近似方法，如启发式方法或元启发式方法。层次规划法也是一种中心化管理规划方法，它将中心化管理规划问题分解为若干层次来解决，各层次之间是相互依赖的子问题。

在现实中，因为企业不希望共享其机密数据，这些中心化管理规划方法通常难以被运用到实践中。

3.2　去中心化管理规划的国内外研究现状

去中心化管理规划可以被定义为本地组织和机构在不受中心控制系统干涉的情况下制订、采用、执行和监督计划的规划类型。在本书中，去中心化管理规划的对象是完全独立的供应链参与者。

Taghipour 和 Frayret（2013）给出了供应链规划中去中心化管理的协调方法的一般分类。供应链协调可以通过多种方式实现，如高级合作、请求行动或信息交换。例如，最终产品的生产和交付受到客户和供应商之间的供应合同的显著影响。正如 Amrani 等（2012）规定的契约方法一样，供应承诺可以强有力地管理和计划供应链中的产品流。这些供应承诺可以使用冻结时间范围或弹性比率。在前者中，订购的数量在一个时间段内被认为是固定的，在两次规划决策之间的时间段内不能更改。在后一种情况下，在冻结时间范围外，客户可以在一定限度内修改订购数量。

谈判是一种高级的合作形式，不同学者对谈判的定义各不相同。它可以被表述为两个或多个合作伙伴之间的交换，在交换的过程中达成适当的合作协议（Forget et al.，2009）。下面提出三种主要的谈判方法：

3.2.1　启发式方法

供应链参与者的本地初始计划会根据其他参与者的能力进行迭代调节。Dudek（2009）提出了一种启发式方法，其中，开发了一个基于谈判的方案。此方案利用数学规划模型得到最优的规划，使双方的订单和供应计划可以在供应链中同步进行规划。Taghipour 和 Frayret（2013）提出了该模型的扩展，该扩展处理了影响供应链环境中规划的动态变化。在相同的研究体系中，Albrecht 和 Stadtler（2015）制订了一个理论方案，该方案是协调去中心化管理的供应链参与者，其目的是使其可以包含所有供应链功能。Yahia 等（2015）基于模糊规则为供应链内的协作计划制定了一种谈判机制，该机制限于制造商之间的合作，只考虑生产规划，不考虑配送、供应商及零售商。通过这些方法，供应链参与者之间的谈判可以容易地在实际中实施，但它们没有理论上的证明，也不能保证它们会收敛于一项协议。

3.2.2　基于博弈论的方法

我们发现，供应链中某一参与者作出的最佳决策是考虑了其他参与者可能作出的决策。Simchi-Levi 等（2004）将协调与谈判应用于供应链，提到了两种主要的博弈类型，即合作博弈和非合作博弈（竞争博弈）。博弈论提供了强大的策略集。然而，运用博弈论来解决实际供应链中的问题，如规划协调，仍然是一个有待研究的主题，我们将在第 4 章讨论。

3.2.3　基于多主体系统的方法

基于多代理系统的方法是在人工智能问题的解决中发展起来的，已被广泛应用于供应链协作中。由于其实现了诸如拍卖或投标等决策机制，因此特别适合于自动谈判。Hernández 等（2014）提出了一种基于协商的机制。该机制由多主体系统支持，侧重于需求、生产和补充计划的协作，并结合使用了标准规划方法，如物料需求系统（MRP）方法。Fischer 等（1999）为运输领域的仿真开发了一套方法和一个多主体工具，其基于谈判的去中心化管理规划方法被用于主体群之间的运输订单调度，主体群涉及运输公司及其卡车。基于多主体系统的方法是一个重要且有效的方法。它在协同规划中的应用仅受到构建模型的方法和集成在主体中的决策机制的限制。

3.3 配送与运输计划的国内外研究现状

以上所列的大部分研究主要关注生产运营，而以上方法同样可以帮助研究物流运营的规划问题，如配送或运输。这两个功能涉及不同性质的运营。

许多运输规划方面的论文都研究了自动协商的方法。Sprenger 和 Mönch（2014）基于多主体系统（MAS）和离散事件仿真支持的车辆路径问题（VRP），开发了合作运输规划决策支持系统。Sprenger 和 Mönch（2012）在此之前提出了一种解决大规模合作运输规划问题的方法。在一组丰富的车辆路径问题中，该方法着眼于整个问题分解。Memon 和 Archimède（2013）提出了运输活动的分布式体系结构规划，以更好地利用运输资源。其他如 Wang 等（2014）、Krajewska 和 Kopfer（2009）、Ziebuhr 和 Kopfer（2016）通过在中心化管理的运输运营规划中结合车辆路径和分包来解决运输规划问题，该规划同时为承运人的车辆和分包商的车辆提供了优化计划。

关于配送规划，Ivanov 等（2014）提到"这是配送网络领域引用的一个研究问题"。他们假设了配送规划处理成本最小化约束下的决策，该决策涉及指引商品流、维度和设计运输网络流。因此，如 Rancourt 等（2015）关注的是配送中心集合的选址问题。如 Chen 等（2017）所述，尽管配送规则领域的研究相对不足，这个问题仍然成为冷链管理的一个核心问题。作者在该论文的文献综述中指出，冷链管理领域的研究问题在规划模型中考虑了食品质量恶化的成本和影响，或关注了多种产品多种温度的车辆配送问题。他们提出研究冷链食品配送规划问题，并在优化成本的考虑下制订了保证产品质量的计划。Crainic 等（2015）将配送规划问题定义为，在基于杠杆的多式联运系统的站点之间，寻找最优路线并调度一队进行货物运输的车辆。该文在其文献综述中指出，运输与配送的规划问题之间存在着密切的联系。

3.4 生产与配送联合规划的国内外研究现状

生产与配送联合规划问题属于生产和配送/运输的研究范畴，因此，我们应该参考有关生产和配送之间规划的文献。

Erengüç 等（1999）、Mula 等（2010）、Fahimnia 等（2013）等回顾了生产和配送规划的中心化管理方法。Barbarosoğlu 和 Özgür（1999）建立了一个混合整数线性规划模型。该论文通过拉格朗日和启发式松弛技术将问题转化为一个两级供应链模型，一个模型用于生产规划，另一个模型用于运输计划。Dhaenens-Flipo 和 Finke（2001）采用混合整数线性规划模型解决了多企业、多产品、多时段的生产与配送问题，其中的供应链构成了一个流的网络。Bredstrom 和 Ronnqvist（2002）考虑了纸浆行业的整个供应链，研究了生产和配送计划问题，采用灵活的方法将时段进行聚合，以在合理的时间限制内找到更好的解决方案。Park（2005）提出了一个基于混合整数线性规划的多工厂、多零售商、多产品、多时段的集成运输与生产规划模型。Selim 等（2008）考虑了负责制造工厂或配送中心的个体决策者的不确定性，提出了一个模糊多目标线性规划模型解决该问题。Song 等（2008）提出了一个非线性优化模型，解决第三方物流（3PL）提供商通过配送网络中的配送中心协调供应商和客户之间的配送问题，该模型使用拉格朗日方法求解。Bonfill 等（2008）比较了两种解决生产和运输活动之间协调问题的方法，其目的是管理库存配置和站点之间的物料流动。其中，一种方法是集成模型，另一种方法是使用顺序生产和调度模型的解决策略。Amorim 等（2012）研究了极易腐产品的生产配送集成规划，通过一个多目标框架，探索了在运营级集成模型中集成这两个交织在一起的规划问题的优势。Jha 和 Shanker（2014）提出了一种迭代方法，以优化单卖方和多买方组成供应链的集成问题，该方法在考虑运输成本的情况下综合解决了库存问题和车辆路径问题。Nasiri 等（2014）提出了一种基于拉格朗日松弛法的集成模型求解方法，该方法应用于由多个配送中心、生产企业和供应商组成的三级供应链。Zamarripa 等（2014）提出了一个在策略规划层面上协调生产和配送的线性规划模型，该模型应用于涉及多种产品的多级化工供应链。Zamarripa 等（2013）通过比较集成模型和基于非合作博弈的方法，在多个备选方案中寻找最佳方案。

考虑到去中心化管理的方法，合作才是解决问题的有效方法。合作规划注重流程和信息共享的协调，目的是降低库存和运输成本，同时提高供应链的效率。供应链的协作规划问题多年来一直备受关注（Albrecht，2009；Stadler，2009）。就生产和配送的研究范畴而言，Jung 等（2008a）、Jung 等（2008b）提出了一个谈判流程，目的是在配送驱动的供应链中为配送服务提供商和制造商寻求一个契约。然而，这个谈判准则没有考虑价格、拍卖和外部资源的可用性，而且制造商有机会可以报告缺货，因此，这一谈判准则几乎不具有弹性。Taghipour 和 Frayret（2010）提出了一个去中心化管理的协调机制，使用谈判来协调供应链中的两个企业。事实上，在中期策略规划层面，以往研究对完全去中心化管理的生产和配送之间合作的关注有限。Jia 等（2016）考虑到生产与运输之间的协作，提出了一种基于多步谈判的去中心化管理方法，并采用了启发式方法求解。该论文研究的主要问题是谈判空间、补偿和方案认可等概念的定义。然而，由于方法的局限性，该研究得到了一个对承运人更有利的解决方案。该方案建立在 Dudek（2009）提出的基于谈判的协同规划流程之上。供应链参与者仅交换非机密数据，并通过迭代改善的过程寻找新的折中解决方案。在这个过程中，所谓的"最佳计划"被当作各供应链参与者的目标计划，代表其个体的利益。在此过程中，客户有可能要求与折中方案相关的补偿。Dudek（2009）关注供应商与其客户之间的关系，而 Jia 等（2016）明确地将承运人视为协同规划过程的参与者。

本书研究一个寻求密切合作的供应链参与者网络。每个供应链参与者都愿意交换一些机密信息，但保持自主决策。因此，这个问题与策略决策层的配送和生产合作的去中心化管理方法的研究有关。配送是从规划的视角进行研究的，其中的决策包括确定一个时间范围内从发货人处运送至接收人处的数量。

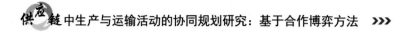

小　结

本章回顾了供应链规划的国内外研究现状，从供应链结构的角度考虑，分别讨论了中心化管理规划和去中心化管理规划的国内外研究现状；从规划对象的角度考虑，介绍了配送/运输计划以及生产与配送联合规划的国内外研究现状。通过相关文献研究，找到了一种有效的方法来协调运输与生产规划的决策。

本书将应用基于博弈论的一些合作准则，从博弈的角度来研究配送与生产的合作问题。同时，本书准备制定一种合作方法，以保证供应链的每一个参与者被公平地分配到收益或分担成本。

因此，第4章将详细讲述博弈论的要点问题。

第 4 章

博弈论要点

博弈论是一种通用理论，旨在提供一种逻辑方法来预测特定博弈的结果。这一领域的知识体系庞大，本章研究的目的是根据本书的研究内容，寻找博弈论中适合的概念来促进规划问题的解决。本章由以下部分组成：4.1 节介绍博弈论的一些背景知识和概念。4.2 节介绍博弈的类型。根据博弈论的分类，4.3 节介绍非合作博弈，这类博弈中的决策者独立于其他所有决策者行动，在这种情况下，决策者无法达成"有约束力的协议"。4.4 节介绍合作博弈，在这类博弈中，多个决策者可以作为一个整体进行决策。本章将通过选择最适合解决合作规划问题的方法来完成博弈论的概述。

4.1　博弈论基础

本部分依次介绍博弈论的发展、基本概念和专业词汇、博弈的标准形式的数学定义，并着重讲述合作博弈与非合作博弈的区别。

4.1.1　博弈论发展

博弈论（Game Theory）也称为对策论，是研究理性决策者之间战略互动的数学模型。博弈论既是现代数学的一个新分支，也是运筹学的一个重要学科，在社会科学 、逻辑学、系统科学和计算机科学中也有应用。博弈论最初产生于零和博弈（Zero-Sum Game），在这种博弈中，赢家的利润来自输家的亏损，每个参与者的收益或损失由其他参与者的损失或收益来平衡，各方损益总和永远为"零"。发展至今，博弈论已适用于广泛的行为关系，已成为人类和计算机逻辑决策科学的总称。

现代博弈论始于两人零和博弈中的混合策略（Mixed Strategy）均衡思想以及 John von Neumann 对该思想的论证。John von Neumann 使用连续映射到凸集（Convex Set）的布劳威尔不动点定理（Brouwer Fixed-point Theorem），建立了博弈论和数学经济学的标准方法。他发表论文之后，又于 1944 年与 Oskar Morgenstern 合著了《博弈论与经济行为》（*Theory of Games and Economic Behavior*）。

20 世纪 50 年代，众多学者将博弈论发扬光大。到了 20 世纪 70 年代，博弈论在生物学的应用中崭露头角。博弈论作为一种重要的工具在许多领域得到了广泛的应用。1999 年，John Maynard Smith 因将博弈论应用于生物学领域而被授予克雷福德奖（Crafoord Prize）。他的学术研究中最突出的贡献在于将博弈论的分析方法引入生物演化过程中的竞争行为和选择问题，并对群体行为变化的动力学机制进行相关分析。2014 年，诺贝尔经济学奖授予研究博弈论的学者 Jean Tirole。其后，又有 11 位博弈论的研究学者获得了诺贝尔经济学奖。

4.1.2　基本概念和专业词汇

在此，我们应该介绍一下博弈论的主要概念。我们先来看一个基本的博弈——两个玩家之间的"硬币匹配博弈"（Matching Pennies），通过它可以理解一些博弈论的基本词汇和概念。每个玩家都有一枚硬币，必须秘密地将硬币转向正面（标记为 H）或反面（标记为 T）。玩家的选择将同时公布。如果两枚硬币相匹配（两个正面或两个反面），那么玩家 1 保留两枚硬币，即从玩家 2 赢得一枚硬币（玩家 1：+1，玩家 2：-1）。如果两枚硬币不匹配（一个正面和一个反面），玩家 2 保留两枚硬币，即从玩家 1 获得一枚硬币（玩家 1：-1，玩家 2：+1）。图 4-1 给出了硬币匹配博弈的收益矩阵。

		玩家 2	
		正面（H）	反面（T）
玩家 1	正面（H）	+1，−1	−1，+1
	反面（T）	−1，+1	+1，−1

图 4-1　硬币匹配博弈的收益矩阵（矩阵形式）

（1）决策者（Decision-Makers）。

在博弈论中，决策者被称为玩家。他们可以是人、组织，如公司，可以被理解为临时代理人。在硬币匹配博弈的例子中，显然两个玩家是玩家 1 和玩家 2。

（2）行动/行动组合（Action / Actions Profile）。

行动是玩家可以采取的可用选项。在硬币匹配博弈的例子中，行动集合是 H 和 T。行动组合包含所有玩家在博弈中特定时间的行动。

例如，在硬币匹配博弈中，如果玩家 1 选择 H，玩家 2 选择 T，则行动概况为 (H, T)。

（3）策略/策略组合（Strategy / Strategies Profile）。

首先应注意，策略和行动之间的区别相当小。玩家所选择的行动及执行这一行动的事实便是一种策略（被称为"纯策略"）。更准确地说，玩家 i 的策略 s_i 是一个行动计划，规定了该玩家每次必须进行的行动。

有些更复杂的策略是建立在根据某种概率分布选择所有行动的基础上的。这些更复杂的策略被称为"混合策略"。

博弈中所有玩家在特定时间的策略选择就是策略组合。

在博弈中，如果玩家总共拥有的策略数是有限的，则称为"有限博弈"；如果是无限的，称为"无限博弈"。

（4）效用函数和玩家目标（Utility Function and Player Objectives）。

每一组可能的行动，都有一个结果。效用函数（或收益）为博弈的每个可能结果中的每个玩家给定一个数值。

注意，玩家的效用取决于策略配置，而不仅仅取决于其自身的策略。因此，玩家的收益不仅取决于自己的策略选择，还取决于其他所有玩家的策略选择。这种关系被描述为一个从所有可能结果组成的集合（即所有玩家的所有可能策略集合）到实数集合的支付函数。

玩家 i 的效用函数标记为 $u_i(s)$。例如，在硬币匹配博弈中，玩家 1 的效用 $u_1[(H, T)] = 1$，玩家 2 的效用 $u_2[(H, T)] = -1$。

玩家的目标是选择一个能够带来尽可能高收益的策略，这在博弈论中被称为理性假设（Rationality Hypothesis）。我们假设玩家/代理期望其效用最大化，因此，效用的数值越高意味着这个结果越受欢迎。

注意，一个重要的概念是一个给定效用函数的策略的帕累托支配（Pareto Dominance）。策略 s_i 是玩家 i 的严格优势策略，指的是无论玩家 i 的竞争对手采取什么策略，它都能使玩家 i 的唯一收益最大化。因此，有可能找到帕累托最优（Pareto Optimal）策略 s_i，此事就不会有其他策略 s_j 优于策略 s_i。

4.1.3 博弈的标准形式

在此，我们给出博弈的标准形式的数学定义，它是一种经典的博弈形式。

一个标准形式博弈（有限，n 人）（Kevin Leyton-Brown and Shoham，2008）是一个元组 (N, A, u)，其中：

（1）N 是包含 n 个玩家的有限集合，玩家记作 i。

（2）$A = A_1 \times \cdots \times A_n$，其中，$A_i$ 是玩家 i 的可用行动的有限集合，每个向量 $a = (a_1, \cdots, a_n) \in A$ 是一个行动配置。

（3）$u = (u_1, \cdots, u_n)$，其中，$u_i: A \mapsto R$ 是玩家 i 的一个实数值效用（或收益）函数。

4.2 博弈的类型

博弈的类型根据不同的基准有不同的分类。

一般认为，博弈主要可以分为合作博弈和非合作博弈。合作博弈和非合作博弈的区别在于相互发生作用的当事人之间有没有一个具有约束力的协议，如果有，就是合作博弈；如果没有，就是非合作博弈。从行为的时间序列性来分，博弈论进一步分为静态博弈、动态博弈两类：静态博弈是指在博弈中，参与人同时选择或虽非同时选择但后行动者并不知道先行动者采取了什么具体行动；动态博弈是指在博弈中，参与人的行动有先后顺序，且后行动者能够观察到先行动者所选择的行动。通俗的理解："囚徒困境"就是同时决策，属于静态博弈；而棋牌类游戏等决策或行动有先后次序，属于动态博弈。

4.2.1 合作博弈与非合作博弈

Von Neumann 和 Morgenstern（1944）阐述了博弈论的基础，其中，对非合作博弈和合作博弈的发展做了广泛分析。事实上，根据玩家的行为逻辑，对合作博弈和非合作博弈的区分是博弈论中最基本的分类。

非合作博弈的目的是确定当玩家个体做出独立的策略决策时，策略组合中会发生什么。在非合作博弈中，玩家无法签订除博弈中特定模式外的可执行协议，且只考虑自己的利益。因此，非合作博弈并不是指玩家不合作的博弈，而是指在任何合作中，玩家都必须自我执行的博弈。

相反，合作博弈在各种联盟尝试提高玩家的集体福利时试图确定一个收益集。有些博弈中，玩家可以通过外部方执行协议。这些合作博弈与集体理性有关，玩家考虑的是群体的利益，并且存在有约束力的协议（如契约）。

合作博弈与非合作博弈的本质区别可以表述为：非合作博弈的玩家是个体，而合作博弈的玩家是集体。

4.2.2 完全信息博弈与不完全信息博弈

博弈论明确地将他人决策/行动的影响纳入自己的目标函数中。因此，它不是一个单人优化问题，而是一个群体优化问题，或者说是一个复杂的冲突优化问题。信息结构指定玩家知道的信息及他们的行动，是博弈中重要且数学上复杂的部分。这种结构产生了不同类型的博弈：

（1）当所有玩家都非常清楚地知道玩家集合、每个玩家的策略集合及所有玩家的收益函数时，这个博弈被称为具有完全信息（Complete Information）（Kline，2015）。

（2）相反，这个博弈是不完全信息博弈。信息对每个玩家的决策都有至关重要的影响。如果博弈是不完全信息博弈，相比于完全信息博弈中"所有玩家都非常清楚地知道玩家集合、每个玩家的策略集合及所有玩家的收益函数"，制定一个玩家不了解所有这些信息元素的博弈是一个复杂的问题（Gibbons，1992）。

4.2.3　完美信息博弈与非完美信息博弈

完全信息博弈可以根据其信息结构进一步分类。当前玩家是否知道其他玩家之前的决策会影响他在这一步的决策。完美信息博弈（Perfect Information Game）是指在博弈的任何阶段，所有玩家都知道其他玩家过去的决策（Samet，2013）。否则，这个博弈就是不完美信息博弈（Imperfect Information Game）（Lins et al.，2013）。例如，象棋对于记忆力足够好的玩家来说就是一种完美信息博弈。

4.2.4　对称博弈与非对称博弈

对称博弈的收益只依赖于玩家所选择的策略而不依赖于进行博弈的玩家。也就是说，如果玩家的身份可以改变而策略的收益不能改变，那么博弈就是对称的。许多常见的博弈都是对称的。例如，斗鸡博弈（Game of Chicken）、"囚徒困境"（Prisoner's Dilemma）和猎鹿博弈（Stag Hunt）等都是对称博弈。

非对称博弈研究最多的是两个玩家的策略不相同的博弈。例如，在最后通牒博弈（Ultimatum Game）和独裁者博弈（Dictator Game）中，每个玩家都有不同的策略。然而，对于一个博弈，两个玩家的策略可能是相同的，但是不对称。

4.2.5　零和博弈与非零和博弈

零和博弈（Zero-Sum Game）是一种特殊的常数和博弈。在零和博弈中，对于每一种策略组合，博弈中所有玩家的总收益为零，更通俗地说，玩家只会以牺牲他人利益为代价获得收益。扑克游戏是零和博弈的典型，这是因为一个玩家赢得的金额恰好与对手输掉的金额相等。其他的零和博弈为硬币匹配博弈以及大多数包括围棋、象棋在内的经典棋盘游戏等。

许多博弈（包括著名的"囚徒困境"）都是非零和博弈，这是因为每种策略组合中所有玩家的收益之和要么大于零，要么小于零。在非零和博弈中，一方的收益不一定等于另一方的损失。

4.2.6　静态博弈与动态博弈

静态博弈（或称同时博弈）是指两个玩家同时行动的博弈，或者即使他们不同时行动，后面行动的玩家并不知道前面玩家的行动，从而使结果与他们同时行动相同。静态博弈用标准形式表示，并用纳什均衡的概念求解。最简单的例子就是石头剪刀布游戏。

动态博弈是指玩家的行动有先后顺序，而且行动在后的玩家可以观察到行动在先者的选择，并据此作出相应的选择。在这种博弈中，玩家无论如何都无法同时作决策，也称"多阶段博弈"。动态博弈的困难在于，在前一刻最优的决策在下一刻可能不再为最优，因此增加了求解的困难。

动态博弈行动有先后顺序，不同的玩家在不同时间点行动，先行动者的选择影响后行动者的选择空间，后行动者可以观察到先行动者做了什么选择。因此，为了做最优的行动选择，每个玩家都必须这样思考问题：如果我如此选择，对方将如何应对？如果我是对方，我将会如何行动？给定对方的应对，什么是我的最优选择？如下棋。

4.2.7　组合博弈

组合博弈主要研究具有完全信息的序贯博弈。此研究在很大程度上局限于两人博弈，玩家以规定的方式轮流变化，以达到规定的制胜条件。一些众所周知的游戏如国际象棋、跳棋、围棋等都是组合博弈。组合博弈还包括一些单人组合谜题，如数独游戏。虽然没有统一的理论来处理博弈中的组合元素，然而有些数学工具可以解决特定的问题。

4.2.8　演化博弈

与传统博弈论不同，演化博弈并不要求玩家是完全理性的，也不要求博弈具备完全信息的条件。演化博弈主要研究对象为没有那么有远见的、随时间调整策略的有限理性玩家。一般来说，在这种博弈中，策略随时间的演化被建模为一个状态变量的马尔科夫链。在生物学中，这样的模型可以代表进化，在这种进化中，后代采用父母的策略，而采用更成功策略的父母有更多的后代（对应更高的收益）。在社会科学中，这样的模型通常代表玩家在一生中多次进行博弈，并偶尔有意或无意地调整策略。

4.3　非合作博弈

本部分先介绍非合作博弈的重要理论——纳什均衡，然后详细介绍几种著名的非合作博弈：经典的"囚徒困境"博弈、懦夫博弈、鹰鸽博弈等，以及经济学领域最古老的博弈理论模型之一的"古诺竞争"。

4.3.1　纳什均衡

纳什均衡（Nash Equilibrium）是博弈论中的一个重要策略组合，满足以下性质：任何一位玩家在此策略组合下单方面改变自己的策略（其他玩家策略不变）都不会提高自身的收益。

纳什均衡也被称为非合作博弈均衡。在一个博弈过程中，无论对方的策略选择如何，当事人一方都会选择某个确定的策略，则该策略被称为支配策略。在一个策略组合中，所有的玩家都会面临这样一种情况，即当其他玩家不改变策略时，他此时的策略是最好的。也就是说，此时如果他改变策略，其支付就会降低。在纳什均衡点上，每一个理性的参与者都不会有单方面改变策略的冲动。

当一个策略组合被称为纳什均衡时，每个玩家的均衡策略都是为了达到自己期望收益的最大值，与此同时，其他所有玩家也遵循这样的策略。

纳什均衡点是否总是存在的？纳什定理这样描述：任何具有有限纯策略的两人博弈至少有一个纳什均衡点。

纳什均衡的概念提供了一种非常重要的分析手段，使博弈论研究可以在一个博弈结构里寻找比较有意义的结果。但纳什均衡点定义只局限于任何玩家不想单方面改变策略，而忽视了其他玩家改变策略的可能性。

纳什均衡是指博弈中这样的局面：对于每个玩家来说，只要其他人不改变策略，他就无法改善自己的状况。在每个玩家都只有有限种策略选择并允许混合策略的前提下，纳什均衡一定存在。

一个博弈可能有一个以上的纳什均衡，可以分为两类，即纯策略纳什均衡和混合策略纳什均衡。当然，每个纯策略纳什均衡都是一个特殊的混合策略纳什均衡，即某一特定策略组合的概率为 1，其他策略组合的概率为 0。

纳什均衡理论是非合作博弈论的基础，其重要影响可以概括为以下几点：

（1）改变了经济学的体系和结构。

非合作博弈论的概念、内容、模型和分析工具等，均已渗透到微观经济学、宏观经济学、环境经济学等经济学科的绝大部分学科领域，改变了这些学科领域的结构，成为这些学科领域的基本研究范式和理论分析工具，从而改变了原有经济学理论体系中各分支学科的内涵。

（2）扩展了经济学研究问题的范围。

原有经济学缺乏将不确定性因素、变动环境因素及经济个体之间的交互作用模式化的有效办法，因而不能进行微观层次经济问题的解剖分析。纳什均衡及相关模型分析方法为经济学研究人员提供了深入分析的工具。

（3）加强了经济学研究的深度。

纳什均衡理论不回避经济个体之间直接的交互作用，不满足于对经济个体之间复杂经济关系的简单化处理，分析问题时不只是停留在宏观层面上还深入分析表象背后深层次的原因和规律，强调从微观个体行为规律的角度发现问题的根源，因而可以更深刻、准确地理解和解释经济问题。

（4）形成了基于经典博弈的研究范式体系。

即可以将各种问题或经济关系，按照经典博弈的类型或特征进行分类，并根据相应的经典博弈的分析方法和模型进行研究，将一个领域所取得的经验移植到另一个领域。

（5）扩大和加强了经济学与其他社会学科和自然学科的联系。

纳什均衡理论既适用于人类的行为规律，也适用于人类以外的其他生物的生存、运动和发展规律。纳什均衡和博弈论的桥梁作用，使经济学与其他社会学科和自然学科的联系更紧密，形成了经济学与其他学科相互促进的良性循环。

4.3.2　囚徒困境

"囚徒困境"（Rapoport and Dale，1966）可以被描述为：一个犯罪团伙的两名成员被捕入狱。每个囚犯都被单独监禁，彼此之间没有任何联系。检察官缺乏足够的证据使这两人在其指控上定罪。两名囚犯都希望被判处较轻的罪名一年监禁。与此同时，检察官向每个囚犯提供了一笔交易。每个囚犯都有机会：要么背叛对方，作证对方犯罪；要么保持沉默。让我们考虑两个玩家 A 和 B，条件是：

（1）如果 A 和 B 都背叛对方，则各判 2 年监禁。

（2）如果 A 背叛 B，但 B 保持沉默，A 将被释放，B 将被判 3 年监禁（反之亦然）。

（3）如果 A 和 B 都保持沉默，按照上述描述，他们都只服刑 1 年，囚徒困境收益矩阵如图 4-2 所示。根据前面的定义，我们可以明显看出"囚徒困境"是一个标准形式博弈。

B

		背叛	沉默
A	背叛	-2, -2	0, -3
	沉默	-3, 0	-1, -1

图 4-2 "囚徒困境"收益矩阵

值得注意的是，"沉默"在这个博弈中具有"合作"的含义。

"囚徒困境"博弈也是一个对称博弈。在囚徒困境博弈中，囚徒都选择背叛的结果为各判刑 2 年，都选择沉默的结果为都判刑 1 年，一个选择背叛一个沉默的结果分别为判刑 3 年与释放。在这个博弈中，囚徒最终的判刑只与他的选择有关，而与他的身份无关，这就是一个对称博弈。

4.3.3 懦夫博弈

懦夫博弈（Game of Chicken）是一个两人博弈，也称为斗鸡博弈或胆小鬼博弈等。两个司机相向开车，可能相撞，两人可以选择都在相撞前转向一边而避免相撞，但这将使转向者被视为"懦夫"，而向前者被视为"勇士"；也可以选择继续向前，如果两人都向前，就会出现双双车毁人亡的局面。

在懦夫博弈中，如果两人都选择向前，双方均车毁人亡，收益最低；如果一人选择转向另一人选择向前，那么没有事故发生，转向的人会被称为"懦夫"（"Chicken"），向前的人获得最高收益；如果两人都选择转向，那么两人都获得一个较低的收益。懦夫博弈的收益矩阵如图 4-3 所示。

司机乙

		转向	向前
司机甲	转向	1, 1	-2, 2
	向前	2, -2	-4, -4

图 4-3 懦夫博弈的收益矩阵

从博弈的赢利结构来看，如果双方采取一种合作态度，至少部分是合作的态度选择转向，那可能是有利的。依次分析四种策略组合是否是纳什均衡：当策略组合为（向前，向前）时，只要有一方将策略变为转向，那么双方的收益都将增加，故（向前，向前）不可能是纳什均衡。当策略组合为（转向，转向）时，只要有一方将策略变为向前，那么他的收益就会增加，故（转向，转向）不可能是纳什均衡。当策略组合为（向前，转向）时，司机甲将策略变为转向会将自身的收益从 2 变为 1，降低了收益；司机乙将策略从转向变为向前会将自身的收益从 -2 变为 -4，降低了收益。因此，（向前，转向）是纳什均衡，类似地，（转向，向前）也是纳什均衡。由此可知，纯策略纳什均衡为一个司机向前、另一个司机转向避让。

假定在懦夫博弈中，参与的一方鲁莽、不顾后果，另一方却足够理性，那么鲁莽者极可能是博弈的胜出者。博弈中的一点很重要，那就是如果一方能判定对方一定会选择不转向，那么他就一定会转向。如果这种懦夫博弈被使用多次，则冒险选择向前而成功的参与人就会更有信心在将来采取这种策略。

4.3.4　鹰鸽博弈

雄鹰凶猛好斗且从不妥协，而鸽子温顺善良且避免冲突。英国生物学家约翰·梅纳德·史密斯根据这两种动物的习性提出了著名的鹰鸽博弈：当两只鹰同时发现食物的时候，天性决定了它们一定要战斗，且最后会两败俱伤，所以二者的收益都是 -2；当两只鸽子相遇的时候，天性使它们分享食物，所以各自收益都是 1；当鹰和鸽子相遇，鸽子会逃走，鹰独得全部食物，故鹰的收益是 2，鸽子的收益是 0。由此可以得出图 4-4 中的收益矩阵。

	鹰	鸽
鹰	-2, -2	2, 0
鸽	0, 2	1, 1

图 4-4　鹰鸽博弈的收益矩阵

从图 4-4 收益矩阵可以看出，当鹰遇到鸽时，获得的高收益，是鸽无论如何也无法获得的；但是鹰遇到鹰时造成的亏损，也是鸽不可能遇到的。鸽与鹰相比，虽然无法获得高收益，但也可以避免负收益。

鹰鸽博弈的两个纯策略均衡是一只鸟成为鹰，另一只鸟成为鸽子。这时候，鹰不会愿意变成鸽子而让出一半的食物，鸽子也不会愿意变成鹰而两败俱伤。所以，鹰鸽博弈的纯策略均衡类似于懦夫博弈。但因为一鹰一鸽的结局好于二鹰相斗，所以它不同于囚徒困境博弈。但哪一只鸟成为鹰、哪一只鸟成为鸽子则不一定。两只鸽子也不是一个均衡，这是因为它们之中总会有一只先变成鹰，来获取更多的食物。

4.3.5 智猪博弈

纳什于 1950 年提出了经济学中的"智猪博弈"。假设猪圈里有一头大猪、一头小猪，猪圈的一头有猪食槽，另一头安装着控制猪食供应的按钮，按一下按钮会有 10 个单位的猪食进槽，但是按动按钮的猪会首先付出 2 个单位的成本，若小猪先到槽边，大猪、小猪吃到食物的比例是 6∶4；若大猪、小猪同时到槽边，收益比是 7∶3；若大猪先到槽边，大猪、小猪的收益比是 9∶1。

现在我们来分析这个博弈的情况：若大猪选择行动、小猪选择等待，小猪可得到 4 个单位的纯收益；若小猪也选择行动，则它仅仅可以获得 1 个单位的纯收益。因此对于小猪而言，此时等待优于行动。若大猪选择等待、小猪选择行动，小猪的收入将不抵成本，纯收益为–1 个单位；若小猪也选择等待，则小猪的收益为零，成本也为零。因此对于小猪而言，此时等待还是优于行动。假设两头猪都有智慧，那么小猪将选择等待。该博弈的收益矩阵如图 4-5 所示。

		小猪	
		行动	等待
大猪	行动	5, 1	4, 4
	等待	9, −1	0, 0

图 4-5　智猪博弈的收益矩阵

由此收益矩阵可知，当大猪选择行动的时候，小猪如果行动，其收益是 1，而如果小猪等待，收益则是 4；当大猪选择等待的时候，小猪如果行动，其收益是 -1，而小猪等待的话，其收益是 0。综合来看，无论大猪选择行动还是等待，小猪选择等待都会获得更高的收益，即等待是小猪的占优策略。

在小企业的经营中，某些时候等待时机，让大企业先开发市场，是一种明智的选择。当小企业管理者面对每一项花费时，"搭便车"实际上是另一种选择，对它的观察和研究可以帮助企业节省很多不必要的费用，从而使企业走上一个新台阶。

4.3.6 古诺竞争

古诺竞争是由法国经济学家安东尼·奥古斯丁·库尔诺于 1838 年提出的。它是一个著名的非合作博弈，是纳什均衡应用的最早版本。古诺竞争是一种经济模型，用来描述一种产业结构。在这种结构中，各企业在各自的产品数量上展开竞争，它们彼此独立地同时决定产量。该模型阐述了相互竞争且没有相互协调的企业的产量决策是如何相互影响的，从而产生一个位于完全竞争和完全垄断之间的均衡结果。它具有以下特点：

（1）市场上存在一个以上的企业，所有的企业生产相同的产品。

（2）各企业之间不合作。

（3）每个企业的产量决策都会影响产品的价格。

（4）市场上企业的数量是固定的。

（5）企业在产品的数量上竞争，各企业同时选择各自的产量。

（6）这些企业在经济上是理性的，有策略地行动，通常在竞争对手的决策下寻求自身利润最大化。

每家企业自己的产量决策不会对竞争对手的决策产生影响。商品价格是通常使用的市场上总产品数量的递减函数。所有企业都知道市场上企业的数量，并将其他企业的产量作为参数。每个企业都有一个成本函数。通常，市场上所有企业的成本函数都是公开的。企业之间的成本函数可能相同，也可能不同。市场价格设定在这样一个水平上，即需求等于所有公司生产产品的总量。每个企业都采用竞争对手设定的数量，来评估市场上的剩余需求，然后市场表现为垄断竞争（Fang and Shou，2015），其中一些参与人在其他参与人的激励下获得更好的结果。

在此，我们展示一个简单的古诺竞争：假设市场上有两个企业（企业1、企业2）；企业1的产品产量记为q_1，利润记为u_1；企业2的产品产量记为q_2，利润记为u_2；市场上产品的总数量为Q，$Q=q_1+q_2$；市场上产品的价格为P，P可以用Q的递减函数表示为$P=P(Q)=8-Q$；两种企业生产该产品的边际成本相同，分别记为c_1和c_2，且$c_1=c_2=2$。

因此，利润函数u_1、u_2可分别表示为式（4-1）、式（4-2）：

$$u_1(q_1)=q_1P(Q)-c_1q_1=q_1[8-(q_1+q_2)]-2q_1=6q_1-q_1q_2-q_1^2 \quad (4-1)$$

$$u_2(q_2)=q_2P(Q)-c_2q_2=q_2[8-(q_1+q_2)]-2q_2=6q_2-q_1q_2-q_2^2 \quad (4-2)$$

每家企业都希望其自身利润最大化。为了得到两家工厂利润的最大值，我们必须先对利润函数求导数，并使导数等于0，如式（4-3）所示。

$$\begin{cases} 6-q_2-2q_1=0 \\ 6-q_1-2q_2=0 \end{cases} \quad (4-3)$$

各工厂取得最大利润时，q_1和q_2的解分别记为q_1^*和q_2^*，由上述导数方程可得q_1^*和q_2^*的值：$q_1^*=q_2^*=2$。同时，可得Q、P、u_1和u_2的值：$Q=q_1+q_2=2+2=4$，$P=8-Q=8-4=4$，$u_1=6q_1-q_1q_2-q_1^2=4$，$u_2=6q_2-q_1q_2-q_2^2=4$。企业1和企业2产出的产品数量都是2，因此市场上的产品数量是4。市场上产品的价格是4，则企业1和企业2的利润都等于4。在这个特定的例子中，数量竞争的结果是两个公司的产量相等（相同的数量）。

在古诺竞争中，两个企业是对等的，同时决定数量，因此古诺竞争是一个静态博弈。

4.3.7　斯塔克尔伯格竞争

斯塔克尔伯格竞争是由德国经济学家斯塔克尔伯格（Von Stackelberg）于20世纪30年代提出的。在古诺竞争中，竞争企业在市场上的地位是平等的，因而具有相似的行为，而且它们同时进行决策。当企业1作决策时，它并不知道企业2的决策。在有些市场中，竞争企业之间的地位并不对称，市场地位的不对称引起了决策次序的不对称。通常情况下，小企业先观察大企业的行为，再作出自己的对策。斯塔克尔伯格竞争就反映了这种不对称的竞争。

假设企业1在市场中具有领导地位，企业2是跟随企业。企业1先决定其产量，企业2知道企业1的产量后再作出产量决策。因此，企业1在决定自己的产量时，必须考虑企业2将如何反应。企业1可以预期自己决定的产量对企业2的影响，即企业1知道企业2的反应函数，且企业1所作的决策将以企业2的反应函数为约束并使其自身利润最大化。其他假设与古诺竞争相同，这一模型被称为斯塔克尔伯格（Stackelberg）模型。

4.3.8 伯特兰德模型

伯特兰德模型（Bertrand Model）是由法国经济学家约瑟夫·伯特兰德于1883年提出的。古诺模型和斯塔克尔伯格模型都是产量竞争模型，而伯特兰德模型是价格竞争模型。

伯特兰德模型的假设为：

（1）各企业通过选择价格进行竞争。

（2）各企业生产同一种产品。

（3）企业之间信息不共享。

> 正如本部分中几个著名博弈所示，非合作博弈是基于玩家之间的竞争，因此并不完全适应本文研究的问题。回顾一下，我们关注供应链参与者在两种情况下的合作：不同种类供应链参与者之间的合作（制造商和承运人）和同一种类供应链参与者之间的合作（多个承运人）。实际上，在现代生产和配送系统中，一方面，市场竞争频繁地减少收入，降低满足客户需求的潜在成本越来越困难。因此，增加供应链参与者之间的竞争水平似乎不是最有效的方法。另一方面，如果供应链参与者（即制造商和承运人）合作以分担成本或分享利润，则可提高整体竞争力。

因此，下一部分我们将介绍合作博弈方法。

4.4 合作博弈

之前介绍的合作博弈也称为联盟博弈。请注意，合作博弈中的参与者是由玩家（Player）组成的联盟（Coalition）。在下面的内容中，我们将尝试回答这两个实际存在的问题：

（1）应该设计什么样的机制，使玩家的决策与以联盟收益最大化为目标的全局最优解决方案一致？

（2）如何公平地分配联盟的最大收益，以保证所有玩家都没有离开联盟的动机？

4.4.1 联盟博弈的定义和类型

介绍联盟博弈之前，我们需要先说明以下两点：

（1）本部分考虑的一个重要假设是"可转移的效用假设"，该假设也被许多合作方法采用，即联盟（一组玩家）的收益可以被不受任何限制地重新分配给其成员，也就是存在一种通用货币用于合作伙伴之间的交换（Kevin and Shoham，2008）。

（2）在这一部分中，每个联盟都有一个收益，然而联盟也可能将成本作为衡量收益的方式，这时就需要对下面给出的概念进行简单的调整（如一些不等式的转换）。

第一，我们给出联盟博弈的数学定义。具有可转移效用（Utility）的联盟博弈是一对 (N, v)，其中：

（1）N 是玩家组成的一个有限集合，以 i 为玩家索引。

（2）$v: 2^N \mapsto R$ 关联到每个联盟 $S \subseteq N$ 有一个实数收益 $v(S)$，联盟成员可以在它们自己之间分配，假设 $v(\varnothing) = 0$。

现在，我们有必要介绍一些定义，这对下面几章的分析很有帮助。为此，我们先引入一些词汇和符号：

（1）$|S|$ 是集合 S 中的元素数量。

（2）$N \setminus \{i\}$ 是除元素 i 之外的集合 N。

（3）"大联盟"（Grand Coalition）指的是集合 N 中所有元素的组成联盟。

第二，我们给出联盟博弈的类型。

（1）超加和博弈。

如果一个博弈 $G=(N,\ v)$ 是超加和博弈，那么对于所有联盟 $S,\ M \subset N$，若 $S \cap M = \varnothing$，则 $v(S \cup M) \geqslant v(S)+v(M)$。

（2）凸博弈。

如果一个博弈 $G=(N,\ v)$ 是凸博弈，那么对于所有联盟 $S,\ M \subset N$，有 $v(S \cup M) \geqslant v(S)+v(M)-v(S \cap M)$。

（3）加和博弈。

如果一个博弈 $G=(N,\ v)$ 是加和博弈，那么对于所有联盟 $S,\ M \subset N$，若 $S \cap M = \varnothing$，则 $v(S \cup M)=v(S)+v(M)$。

（4）常数和博弈。

如果一个博弈 $G=(N,\ v)$ 是常数和博弈，那么对于所有联盟 $S \subset N$，有 $v(S)+v(N \setminus S)=v(N)$。

（5）简单博弈。

如果一个博弈 $G=(N,\ v)$ 是简单博弈，那么对于所有联盟 $S \subset N$，有 $v(S) \in \{0,\ 1\}$。

4.4.2　联盟博弈的解决思路

正如 Kevin 和 Shoham（2008）提到的，联盟博弈中的一个主要问题是大联盟的收益在玩家之间的分配。其中的一个原因是在研究最多的超加和博弈中，大联盟的收益最高。那么，问题就是需要知道这个联盟如何分配它的收益。为了解决这个问题，人们提出了许多解决方案集合。换句话说，解决方案集合可以被视为确定博弈结果的某些子集的方法。

在介绍一些解决方案集合之前，我们必须补充介绍一些术语。

设算（Imputation，标记为 x）是玩家结果的向量。这个向量中的元素

x_i 表示玩家 $i \in N$ 在大联盟中所得收益的份额。从谈判的角度看，设算集可以被看作玩家之间可行的协议集。考虑联盟博弈 (N, v)，设算正式的定义如下：

（1）预设算（Pre-imputation）集，标记为 P，定义为：$\{x \in R^N \mid \sum_{i \in N} x_i = v(N)\}$。

（2）基于集合 P，设算集，标记为 X，定义为：$\{x \in P \mid \forall i \in N, x_i \geqslant v(i)\}$。

这个定义涉及这个领域中经常使用的两个术语：

（1）个体理性（Individual Rationality）是指玩家不会接受一个小于他单独行动所能获得的结果（以其特征函数值来衡量）。

（2）集体理性（Group Rationality）是指大联盟的全部合作收益被充分共享。

设算 X 的集合很少是唯一的，这就是为什么需要其他属性来定义博弈的最终分配。解决方案集是一种基于一系列定理的共享机制，这些定理对应一些有意义的属性（如公平性、稳定性等）。合作博弈的文献中提出了许多解决方案集，如 Shapley 值（Shapley Value）、核仁（Nucleolus）、稳定集（Stable Set）、核（Kernel 或 Core）。在这里，我们以两个文献为例。Orde-shook（1986）、Osborne 和 Rubinstein（1994）描述了这些解决方案集。

对所有这些解决方案集的详尽研究超出了本文研究的范围。然而，我们注意到 Shapley 值已经被成功地应用于一些合作规划问题，如车辆路线规划领域（Krajewska et al.，2008）。目前还缺乏使用 Shapley 值处理承运人之间以及制造商和承运人之间合作的策略层规划研究。由于这些原因，本文选择使用 Shapley 值作为合作博弈的解决方案集。Shapley 值的原理将在下一节中详细介绍。

4.4.3 Shapley 值

在博弈论中，Shapley 值是合作博弈的一个解决方案集。对于每一个合作博弈，它给出了由联盟的所有玩家产生的总盈余（Surplus）在玩家之间的唯一分配。下面，我们介绍 Shapley 值的一些性质或定理，使大家可以更加明确地了解这一概念。

Shapley 形式化了"公平"的概念，具有下面三个性质：

（1）对称性（Symmetry）：定义可互换的代理"a"和"b"，那么对于所有联盟 S 以及 $a \notin S$，$b \notin S$，等式 $v(S \cup \{a\}) = v(S \cup \{b\})$ 成立。如果代理是可互换的，他们应该得到相同的支付（部分的大联盟收益）。

（2）虚设玩家（Dummy Players）：定义一个虚设玩家"a"，对于所有联盟 S 和 $a \notin S$，等式 $v(S \cup \{a\}) - v(s) = v\{a\}$ 成立。虚设玩家应获得的支付与他们独自取得的数额完全相等（即个体收益）。

（3）加和性（Additivity）：考虑两个支付函数 v_1 和 v_2 与两个不同的博弈和一组相同的玩家相关。如果将这两个博弈重新定义为一个博弈，联盟 S 的收益为 $[v_1(S) + v_2(S)]$，那么联盟代理的支付应该是他在两个不同博弈下的支付之和。

Shapley 值是以前面描述的三个性质为特征。重要的是，存在且仅存在一种设算满足这些性质（即唯一性）。

Shapley 值的定义为：考虑合作博弈 (N, v)，玩家 i 的 Shapley 值如式（4-4）所示。

$$\phi_i(N, v) = \frac{1}{N!} \sum_{S \in N \setminus \{i\}} |S|! \, (|N| - |S| - 1)! \, [v(S \cup \{i\}) - v(S)]$$

$$(4-4)$$

下面的一个数值算例是用来说明 Shapley 值的计算。有三个玩家，因此大联盟为 $N = \{1, 2, 3\}$。每个联盟的收益为：

（1）$v(1) = v(2) = v(3) = v(2\&3) = 0$。

（2）$v(1\&2) = v(1\&3) = v(1\&2\&3) = 300$。

根据上文中的超加和博弈（也称超可加和博弈）的定义，表 4-1 中的一组计算验证了上述博弈的超加和性质。

表 4-1　超加和博弈的验证

S	M	$v(S \cup M)$	$v(S)$	$v(M)$	$v(S) + v(M)$	$v(S \cup M) \geqslant v(S) + v(M)$
$\{1\}$	$\{2, 3\}$	300	0	0	0	真

S	M	$v(S\cup M)$	$v(S)$	$v(M)$	$v(S)+v(M)$	$v(S\cup M)\geqslant v(S)+v(M)$
$\{2\}$	$\{1,3\}$	300	0	300	300	真
$\{3\}$	$\{1,2\}$	300	0	300	300	真
$\{1\}$	$\{3\}$	300	0	0	0	真
$\{2\}$	$\{3\}$	0	0	0	0	真
$\{1\}$	$\{2\}$	300	0	0	0	真

按照 Shapley 值公式，$\phi_i(v)$（$i=1,2,3$）值的表达式如式（4-5）~式（4-7）所示。

$$\phi_1(v)=\frac{2}{6}(v(1)-v(\varnothing))+\frac{1}{6}(v(1\&2)-v(2))+\frac{1}{6}(v(1\&3)-v(3))+$$

$$\frac{2}{6}(v(1\&2\&3)-v(2\&3)) \tag{4-5}$$

$$\phi_2(v)=\frac{2}{6}(v(2)-v(\varnothing))+\frac{1}{6}(v(1\&2)-v(1))+\frac{1}{6}(v(2\&3)-v(3))+$$

$$\frac{2}{6}(v(1\&2\&3)-v(1\&3)) \tag{4-6}$$

$$\phi_3(v)=\frac{2}{6}(v(3)-v(\varnothing))+\frac{1}{6}(v(1\&3)-v(1))+\frac{1}{6}(v(2\&3)-v(2))+$$

$$\frac{2}{6}(v(1\&2\&3)-v(1\&2)) \tag{4-7}$$

得出 $\phi_1(v)$、$\phi_2(v)$、$\phi_3(v)$ 的值为：

$$\phi_1(v)=200, \phi_2(v)=50, \phi_3(v)=50$$

等式 $\phi_1(v)+\phi_2(v)+\phi_3(v)=v(1\&2\&3)$ 显然是成立的，说明 Shapley 值是大联盟收益的分配。

4.4.4 核

Shapley 值定义了在大联盟的玩家之间分配其支付的公平方式。然而，Shapley 值并不总是在代表非支配设算集的核中。事实上，核是与稳定性相关的性质：没有任何联盟能比在核中的联盟给其玩家提供更好的解决方案。

值得注意的是，核可以是空的，也可以包含多个设算。

现在，我们介绍一下核的概念。一个支付向量 x 在合作博弈(N, v) 的核中，当且仅当 $\forall S \subseteq N$，$\sum_{i \in S} x_i \geq v(S)$。

让我们回到上文中 Shapley 值的数值算例，来验证它是否在核中，考虑以下联盟：

（1）联盟 $\varnothing$：显然 $\sum_{i \in S} x_i \geq v(S)$ 为真。

（2）联盟 $\{1\}$：$x_1 \geq v(1)$ 为真，因为 $\phi_1(v) \geq v(1)$，即 $200 \geq 0$。

（3）类似地，$\phi_2(v) \geq v(2)$，$\phi_3(v) \geq v(3)$。

我们观察到 $\phi_1(v) + \phi_2(v) = 200 + 50 = 250$、$v(1\&2) = 300$，因此 $\phi_1(v) + \phi_2(v) < v(1\&2)$，即 $x_1 + x_2 < v(1\&2)$。因此，对于 $\forall S \subseteq N$，$\sum_{i \in S} x_i \geq v(S)$ 不为真。因此，此例的 Shapley 值不在核中。

我们再观察收益，$v(1\&2) = v(1\&3) = v(1\&2\&3) = 300$。考虑到 $v(1\&2) = v(1\&2\&3) = 300$，$\{3\}$ 没有给联盟带来增值。当我们考虑 $v(1\&3)$ 和 $v(1\&2\&3)$ 时，情况也是一样的。我们可以这样理解核的意义：如果联盟的一个支付向量在核中，那么这个联盟中的每一个玩家对于联盟获得最大的集体收益都是不可或缺的。

下面的定理可以让我们对核有更多的认识，帮助我们知道在特定的博弈中核是否非空。

（1）定理 1。

在一个简单博弈中，如果没有否决玩家，核心为空（如果 $v(N \backslash \{i\}) = 0$，玩家 i 是否决玩家）；如果有否决玩家，核由所有非否决玩家得到 0 的收益向量组成。

（2）定理 2。

每个凸博弈都有一个非空核。

（3）定理 3。

在每一个凸博弈中，Shapley 值都在核中。

定理 2 和定理 3 的细节与证明可以在 Shapley（1971）的研究中找到。

本文选择使用 Shapley 值作为合作博弈的解决方案集，因为它具有以下三个基本特征：

（1）公平性（Fairness）：这个性质在前文中已提及，对于任何共享问题（成本或利润）都非常重要。任何不公平的解决方案都存在大概率被博弈参与者拒绝的情况。

（2）唯一性（Uniqueness）：玩家希望得到唯一的设算，这样就不会有其他解决方案。Shapley 值防止玩家后悔所选择的解决方案，防止任何耗费时间的讨价还价和谈判过程。

（3）易操作（Implementation）：因为 Shapley 值是通过一个简单的计算公式得到的，所以它非常容易被实施。举个反例，核仍需要求解许多线性方程。事实上，Shapley 值在经济、管理和计算机等许多领域的合作博弈中都有广泛的应用。

小　结

博弈论是一种重要且实用的理论，被广泛应用于许多领域。非合作博弈与合作博弈是博弈的重要分类。

非合作博弈是建立在玩家之间的竞争基础上的，因此不完全适合本书研究的问题。在合作博弈的方法中，Shapley 值提供了一种很好的分配机制，其解决方案在合作玩家之间高效且公平地分配可能的总收益。Shapley 值具有公平性、唯一性和易操作三个基本特征。根据相关文献，Shapley 值已经被成功地应用于一些合作规划问题中，但使用 Shapley 值在策略层面处理承运人之间以及制造商与承运人之间的合作规划研究尚不多见。基于以上原因，本书选择了 Shapley 值的方法以帮助供应链参与者实现合作。

在下文的博弈实施中，制造商和承运人被视为博弈的玩家。这些玩家可以组成不同的联盟。Shapley 值的目标是找到最佳的联盟，以一种让每个合作伙伴满意的方式分担成本或分享收益。下一章将介绍博弈论方法在配送规划中的应用。

第 5 章

同级供应链参与者的合作方案与规划模型

第 1 章介绍了供应链管理的概念及研究问题定位，第 2 章着重介绍了配送与运输，第 3 章主要介绍了供应链规划的国内外研究现状，第 4 章介绍了本书所使用的数学方法——博弈论，特别是合作博弈论。在本章中，我们提出一种解决供应链内部合作规划问题的方法。这种方法基于合作博弈论，更准确地说是基于 Shapley 值的原理。根据参与合作的供应链参与者的性质，将在本章和下一章研究两种博弈：同质（Homogeneous）玩家博弈和异质（Heterogeneous）玩家博弈。本章讲述同质玩家博弈，研究多个承运人（同级供应链参与者）为满足制造商的交付请求而进行合作。下一章讲述异质玩家博弈中，一个制造商和多个承运人（两级供应链参与者）为了满足客户需求而进行合作。这些博弈基于线性规划模型进行，模型模拟每个供应链参与者的规划过程。不同供应链参与者之间的合作由一个特定的过程（也称为协议）来建模，在这个过程中，线性规划模型的仿真可以估计成本或利润，从而计算 Shapley 值，代表供应链参与者之间的公平分配值。

本章将介绍同级供应链参与者之间的合作。合作的供应链参与者是承运人。本章关注以下几点：首先，引入了多个承运人在供应链中的合作；其次，提出了运输规划模型；再次，描述了多个承运人之间的博弈协议；最后，通过一个三个承运人的实例说明如何执行合作。请注意，配送被称为"运输"，以表明承运人是供应链参与者。

5.1　多个承运人之间的合作

供应链活动的参与者由制造商、承运人和第四方物流组成。合作是由一个制造商提出交付请求开始，承运人拥有运输资源，第四方物流提供商作为中介促进运输资源共享。

这里，我们应该简述第四方物流的定义。第四方物流是一个独立的实体，与制造商和承运人是合作关系（Norall，2013），是制造商和承运人之间的唯一接口。供应链的各个方面都由第四方物流管理。第四方物流可以被定义为"一个供应链集成商，整合并管理其组织内的资源、能力和技术，同时与一些互补的服务提供商合作交付一个全面的供应链解决方案"（Mark，2003）。

实际上，第四方物流可以支持建立包含承运人的联营，使他们一起为制造商服务。请注意，如果一个承运人单独为制造商提供运输服务，则可以认为他是只有一个供应链参与者的联营。最大的联营是包含所有承运人的联营。

总体的合作过程要求制造商将其交付请求发送给第四方物流，所有的承运人也将其内部信息（如运输能力）发送给第四方物流。然后，这个第四方物流提供商组织向制造商提供配送服务的联营，并将计划和相应的预期收益发送给联营中的每个承运人。

图 5-1 展示了 M 个承运人合作的总体情况。注意，由于客户活动不在本章考虑范围内，因此客户使用虚线框表示。图 5-1 显示了第四方物流可以获得承运人的所有信息。第四方物流将评估所有联营，并选择这些联营中的一个，尽可能地服务制造商的交付需求即优化服务质量，或优化每个参与运输活动的承运人的利润。请注意，服务质量指的是承运人在正确的时间运输正确的数量货物。制造商，作为第四方物流的客户，是唯一能够收到最终客户需求的供应链参与者，而第四方物流并不能获取最终客户需求的信息。第四方物流只可以从制造商获得交付请求的信息。图 5-1 中有

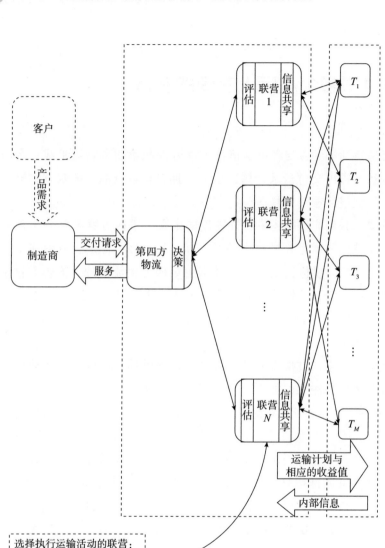

图 5-1　第四方物流提供商（4PL）和承运人之间合作的总体情况

两个虚线的大矩形框，左边的矩形框包含管理者（第四方物流）和由第四方物流提出的联营，右边的矩形框包括了所有博弈中的实际供应链参与者（承运人）。

这项工作基于以下假设进行当前问题的研究，这些假设限制了研究的复杂性并界定了研究范围：

（1）第四方物流提供商扮演管理者的角色，管理所有承运人。

请注意，为了限制问题的复杂性，与第四方物流相关的经济模型没有在我们的研究范围内。

（2）本书的研究中没有与运输服务相结合的仓储服务。

（3）不同的客户使用同一组承运人为其提供运输服务，他们需要共享所有参与运输活动的承运人的运输能力。

（4）站点是卡车闲置时停放的地方。一辆卡车的整个旅程由以下步骤组成：首先，从站点出发，去制造商那里取货；其次，将产品交付给客户；最后，返回站点等待下一次运输任务。执行这一系列活动所需的时间称为"车辆占用时间"。卡车从制造商向客户运送货物的时间被更具体地确定为"运输提前期"。

（5）为了将大量的产品从制造商运送到多个客户手中，承运人使用一组完全相同的卡车（同一种车辆组成的车队）。本书没有考虑车辆路径决策，这是因为每辆卡车出发后的目标都是将货物交付至一个唯一的目的地。

（6）本书主要研究策略规划层，选择卡车作为衡量运输能力的单位，这意味着卡车的使用数量必须是整数。运输量和每个时间段占用的卡车数量是决策的结果，对于任何一辆卡车而言，满载不是必要条件。

（7）固定成本和可变成本都被认为是运输成本的组成部分。"目的地相关成本"是运输成本的固定部分，可以归至每辆卡车的运营成本，包括相关的处理费用，如运营所需的材料、计算机、税收和工资成本等。由于每辆卡车都专用于特定的客户目的地，我们假设这个成本可以取决于行驶的距离。"产品相关成本"是运输成本中的可变部分，与运输的每一个单位产品有关。本书假定产品在运输过程中不会有损坏。

（8）假定每一个承运人的使用都涉及一项结构性成本（即管理费应）。结构成本被看作是计划运输活动所需的人力成本和每个承运人的管理和基础设施成本。当第四方物流估计与每个承运人相关的整体运输费用时，这一成本将被考虑进去。

（9）制造商和承运人采用同样的时间计划范围。制造商和承运人相互分享他们所知的关于交付产品和服务客户的信息。例如，制造商和承运人都知道制造商根据自己的能力决定必须交付的订单产品数量。

（10）当承运人在计划的时间范围内没有足够的运输能力为其客户提供服务时，可以租用外部运输资源。当外部运输资源可用时，承运人可以使用这些资源来优化其服务质量。

（11）如果承运人认为他们没有足够的运输能力在一定的时间范围内为其客户提供充分的服务，他们可以拒绝部分制造商所要求的交货数量。这种情况发生在规划时间范围内没有外部运输资源可用时。由于承运人与最终客户之间没有财务关系，所以承运人不会因拒绝的交付产品数量而支付罚款。因此，在整个规划时间周期内，制造商发送的总交付请求产品数量与承运人的总运输产品数量之间的差值，就是拒绝运输的产品数量。

5.2 提供最佳服务的运输模型（BST-mT 模型）

每个承运人的目标都是为制造商提供最优质的服务，因此，模型是按照这个目标建立的。本书将建立一个线性规划模型来模拟每个承运人联营的规划过程。考虑承运人数量的变化和优化满足的目标，我们将该模型命名为多个承运人的最佳服务运输模型（Best Service Transportation Model With Multiple Transport Operators，BST-mT），即该模型可以有 m 个承运人，并寻找尽可能接近满足制造商交付请求的解。

5.2.1 引入 BST-mT 模型

让我们回顾一下，该模型涉及多个承运人，并描述第四方物流执行的决策制定过程。该模型的集合和索引如下所示：

（1）集合。

T　规划期内的时段序列集合　　　$T=\{1, \cdots, T_F\}$

P　产品集合　　　　　　　　　　$P=\{1, \cdots, P_F\}$

J　客户集合　　　　　　　　　$J=\{1,\ \cdots,\ J_F\}$

K　承运人集合　　　　　　　　$K=\{1,\ \cdots,\ K_F\}$

（2）索引。

t　$t\in T$　　表示规划时段

p　$p\in P$　　表示产品

j　$j\in J$　　表示客户

k　$k\in K$　　表示承运人

每个承运人都可以收到制造商发送的交付请求，且打算为制造商的交付请求提供运输服务，他们会同时考虑其资源能力所造成的业务限制。承运人的目标是在提供最优服务质量的同时实现自身利润的最大化。根据交付请求运送产品的任务由多个承运人完成，因此，该模型将考虑所有承运人的运输资源。模型以尽可能地为客户提供最优的服务为目标，其解决方案提供的结果涉及每个承运人从制造商那里提货的计划——"送货计划"（Pickup Plan），以及描述每个承运人使用的资源（卡车）数量的计划——"资源利用计划"（Resource Utilization Plan），如图 5-2 所示。

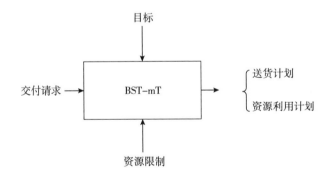

图 5-2　BST-mT 模型的输入和输出

1）资源利用计划描述在总规划时间范围内的每个规划时段使用卡车的数量，包括承运人的自有运输资源和外部运输资源。

2）送货计划定义了在每个时间段内必须运送到各个客户的产品数量。

在本节中，第四方物流的客户是制造商。因此，交付请求（Delivery Requests）是模型的输入，其目标是获得为该交付请求服务的送货计划。假定在交付请求和送货计划之间有一些小的偏差是可以接受的，且这对合作伙伴有利。那么，当累计的交付请求超过累计的送货数量时，就会出现在单个时间段内的延迟送货量（Late Pickup Quantity）；反之，当某个时间段内累计送货数量大于累计交付请求数量时，就会产生提前送货量（Early Pickup Quantity）。某个时间段的累计（包括该时间段）送货数量与累计交付请求的差值（绝对值）为该时间段内的延迟送货量或提前送货量。表5-1中的例子有助于理解延迟送货量和提前送货量的出现。在时段1，制造商的交付请求是1000件。然而，承运人由于其运输能力有限，只能提供800件的运输服务，因此产生了200件的延迟送货量。在时段2，交付请求是1500件，而承运人在这一时段可以运输1800件，因此，产生了300件的提前送货量。但由于上一时段（时段1）有200件的延迟送货量，因此时段2的提前送货量应为100件。在时段3，制造商的交付请求是1200件。然而，在这一时段承运人只可以运输1100件，因为在前一时段（时段2）有100件的提前送货量。

表5-1 提前送货量和延迟送货量的定义

时段	交付请求（件）	送货量（件）	提前送货量（件）	延迟送货量（件）
1	1000	800	0	200
2	1500	1800	100	0
3	1200	1100	0	0

整个规划时间范围内的总延迟送货量为每个时间段内的延迟送货量之和。整个规划时间范围内的总提前送货量为每个时间段内的提前送货量之和。通过统计运输至客户的每种产品的提前送货量和延迟送货量的总和来评估服务质量。"最佳服务"（Best Service）旨在尽量降低提前送货量和延迟送货量的总和，最好结果为零或接近零。与目的地相关的成本（固定运输成本）、与产品相关的成本（可变运输成本），以及承运人支付给第四方物流用于管理的结构成本都被计入运输总成本。从制造商获得的收入（Revenue）与总运输成本之间的差额就是承运人的利润（Profit）。

参数（Parameters）、变量（Variables）、本地资源约束（Local Resource

Constraints）和目标函数（Objective function）表示如下：

5.2.2　模型的参数

参数是数学模型的输入，如制造商向第四方物流发送的交付请求、运输提前期（Transportation Lead Time）、承运人的运输能力（Capacity）和财务信息等。该模型所使用的参数如下：

$l_{p, j, t}$　　　　制造商发出的交付请求，即在时段 t 将产品 p 交付至客户 j

v_p　　　　　产品 p 的单位重量表示

$EC_{p, j}$　　　在时段 t 应交付给客户 j 的产品 p 的提前送货量的单位惩罚成本

$BC_{p, j}$　　　在时段 t 应交付给客户 j 的产品 p 的延迟送货量的单位惩罚成本

DT_j　　　　服务客户 j 的运输提前期

D_j　　　　　服务客户 j 的卡车占用时间

$FC_{j, k}$　　　当使用承运人 k 的自有运输资源服务客户 j 时的目的地相关运输成本

$FC\_extra_{j, k}$　当使用承运人 k 的外部运输资源服务客户 j 时的目的地相关运输成本

$VC_{p, j}$　　　使用承运人的自有运输资源时，运输一单位产品 p 至客户 j 产品相关运输成本

$VC\_extra_{p, j}$　当承运人使用外部运输资源以增加其运输能力时，运输一单位产品 p 至客户 j 产品相关运输成本

$TP_{p, j}$　　　将单位产品 p 运输至客户 j 的运输价格

R_k　　　　　承运人 k 的自有卡车数量

cap_k　　　　承运人 k 自有卡车的装载量

$M\_extra_{j, k, t}$　在时段 t 承运人 k 可以使用的服务于客户 j 的外部运输资源卡车数量的最大值

cap_extra_k　承运人 k 租用的外部运输资源的卡车装载量

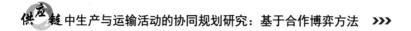

M	一个大数，可认为是无穷大
SC	单个承运人相关的结构成本

5.2.3 模型的决策变量

变量描述通过运行数学模型（见图5-2）所得到的计划。提前送货量和延迟送货量（$te_{p,j,t}$和$tb_{p,j,t}$）可用于评估服务质量。在数学模型中，描述产品数量的任何变量都必须被定义为整数。该模型的决策变量如下：

$q_{p,j,k,t}$	在时段 t 从制造商出发使用承运人 k 的自有卡车运往客户 j 的产品 p 的运输量
$q\_extra_{p,j,k,t}$	在时段 t 从制造商出发使用承运人 k 的外部运输资源卡车运往客户 j 的产品 p 的运输量
$tb_{p,j,t}$	在时段 t 客户 j 所订产品 p 的延迟送货量
$te_{p,j,t}$	在时段 t 客户 j 所订产品 p 的提前送货量
$m_{j,k,t}$	在时段 t 承运人 k 服务于客户 j 所使用的自有卡车数量
$m\_extra_{j,k,t}$	在时段 t 承运人 k 服务于客户 j 所租用的外部资源卡车数量
n_k	当承运人 k 参与运输活动时，$n_k=1$，当承运人 k 未参与运输活动时，$n_k=0$

5.2.4 模型的约束条件

这个规划问题受承运人运输能力的强约束，如每个承运人的自有运输能力或外部运输资源的可用与否。该模型的约束条件如下：

（1）运输量与交付请求之间的偏差，如式（5-1）所示。

$$\sum_k (q_{p,j,k,t}+q\_extra_{p,j,k,t})-te_{p,j,t}+tb_{p,j,t}=l_{p,j,t}-te_{p,j,t-1}+tb_{p,j,t-1}$$

$$\forall p \in P, \quad \forall j \in J, \quad \forall t \in T \tag{5-1}$$

用该约束表示各时间段内制造商发送的交付请求（$l_{p,j,t}$）与所有承运人的总送货量 $\left[\sum_k (q_{p,j,k,t}+q\_extra_{p,j,k,t})\right]$ 的差值。在每个时间段内，根据运输能力的限制，所有承运人的总运输量都比交付请求少或多一点。

（2）交付请求限制，如式（5-2）所示。

$$\sum_t \sum_k (q_{p,j,k,t} + q\_extra_{p,j,k,t}) \leq \sum_t l_{p,j,t} \qquad \forall p \in P,\ \forall j \in J$$

$$(5\text{-}2)$$

对于每个客户需要的每种产品，在规划时间范围内的累计运输量（$\sum_t q_{p,j,t}$）必须不高于相应的累计需求量（$\sum_t d_{p,j,t}$）。

（3）运输资源能力约束，如式（5-3）~式（5-6）所示。

$$\sum_p v_p \times q_{p,j,k,t} \leq m_{j,k,t} \times cap_k \qquad \forall j \in J,\ \forall k \in K,\ \forall t \in T \quad (5\text{-}3)$$

$$\sum_p v_p \times q\_extra_{p,j,k,t} \leq m\_extra_{j,k,t} \times cap_{extra_k} \qquad \forall j \in J,\ \forall k \in K,\ \forall t \in T$$

$$(5\text{-}4)$$

$$\sum_j \sum_{i=1}^{D_j} m_{j,k,t-i+1} \leq R_k \qquad \forall k \in K,\ \forall t \in T \qquad (5\text{-}5)$$

$$m\_extra_{j,k,t} \leq M\_extra_{j,k,t} \qquad \forall k \in K,\ \forall j \in J,\ \forall t \in T \qquad (5\text{-}6)$$

这些约束保证了运输负荷不超过承运人的运输能力。让我们回顾一下，承运人可以使用两种运输资源，即自有卡车和租用外部资源卡车。承运人拥有的卡车总数（R_k）是有限的。约束式（5-3）表示，在每个时段，对于运输至各个客户的每个承运人，其自有卡车的总产品装载量（$\sum_p v_p \times q_{p,j,k,t}$）应小于其运输能力（$m_{j,k,t} \times cap_k$）。当承运人使用外部资源卡车时，该约束则表示为式（5-4）。约束式（5-5）表示在任一时段，对于每个承运人而言，占用卡车的总数量不得超过承运人 k 拥有的卡车数量。卡车从离开站点到返回该站点都处于占用状态，这段时间间隔等于 D_j（卡车占用时间）。因此，每个时段占用车辆数量的计算必须考虑所有占用车辆总和（$\sum_j \sum_{i=1}^{D_j} m_{j,k,t-i+1}$），包括返回途中的车辆。约束式（5-6）表示使用的外部资源卡车数量不能超过可用的外部资源的最大数量。如果在某个时段内没有外部资源可用，则外部资源的运输能力（$M\_extra_{j,k,t}$）等于 0。

（4）某个承运人是否被使用，如式（5-7）、式（5-8）所示。

$$n_k \leq M \times \sum_{j,t} (m_{j,k,t} + m\_extra_{j,k,t}) \qquad \forall k \in K \qquad (5\text{-}7)$$

$$\sum_{j,t} (m_{j,k,t} + m\_extra_{j,k,t}) \leq M \times n_k \qquad \forall k \in K \qquad (5\text{-}8)$$

变量 n_k 表示是否使用承运人 k。承运人 k 使用其自有或外部资源卡车执行运输活动，则 n_k 的值等于 1；否则，$n_k = 0$。

（5）非负约束，如式（5-9）~式（5-13）所示。

$$q_{p,j,k,t} \geq 0 \qquad \forall k \in K, \quad \forall p \in P, \quad \forall j \in J, \quad \forall t \in T \qquad (5-9)$$

$$tb_{p,j,t} \geq 0 \qquad \forall p \in P, \quad \forall j \in J, \quad \forall t \in T \qquad (5-10)$$

$$te_{p,j,t} \geq 0 \qquad \forall p \in P, \quad \forall j \in J, \quad \forall t \in T \qquad (5-11)$$

$$m_{j,k,t} \geq 0 \qquad \forall k \in K, \quad \forall j \in J, \quad \forall t \in T \qquad (5-12)$$

$$m\_extra_{j,k,t} \geq 0 \qquad \forall k \in K, \quad \forall j \in J, \quad \forall t \in T \qquad (5-13)$$

这些约束确保模型中的所有变量都是非负的。

5.2.5 模型的目标方程

该模型的目标函数由式（5-14）表示。这个公式考虑了两个目标，即服务质量（Service_T）和承运人获得的利润（Profit_T）。利润［见式（5-15）］是指从客户那里获得的产品相关收益（Revenue_T）［见式（5-17）］与总成本之间的差额，这一项需要最大化。总成本是各项成本的总和，包括：①使用自有卡车的成本（Cost_T），其中包含目的地相关成本（每辆车的固定运输成本 $FC_{j,k}$）和产品相关成本（单位产品相关的可变运输成本 $VC_{p,j}$），如式（5-18）所示；②使用外部资源卡车的成本（Extra_Cost_T），同样包含目的地相关成本和产品相关成本这两部分，如式（5-20）所示；③由于某个时段的提前或延迟送货量而产生的罚款（Penalty_T），如式（5-19）所示；④结构性成本（Structure_Cost，相当于管理费），如式（5-21）所示。服务质量（Service_T）的定义是，在规划周期内，必须尽量减小的提前和延迟送货数量的总和，如式（5-16）所示。利用目标函数中的权重——α 和 β 来表示目标函数中不同组分之间的优先级。

$$\max(\alpha \times Profit\_T - \beta \times Service\_T) \qquad (5-14)$$

$$Profit\_T = Revenue\_T - Cost\_T - Penalty\_T - Extra\_Cost\_T - Structure\_Cost \qquad (5-15)$$

$$Service\_T = \sum_p \sum_j \sum_t (tb_{p,j,t} + te_{p,j,t}) \qquad (5-16)$$

$$Revenue\_T = \sum_p \sum_j \sum_t \sum_k q_{p,j,k,t} \times TP_{p,j} \qquad (5-17)$$

$$Cost\_T = \sum_j \sum_k \sum_t FC_{j,k} \times m_{j,k,t} + \sum_p \sum_j \sum_k \sum_t VC_{p,j} \times q_{p,j,k,t}$$

$$(5-18)$$

$$Penalty\_T = \sum_p \sum_j \sum_t BC_{p,j} \times tb_{p,j,t} + \sum_p \sum_j \sum_t EC_{p,j} \times te_{p,j,t}$$

$$(5-19)$$

$$Extra\_Cost\_T = \sum_j \sum_k FC\_Extra_{j,k} \times \sum_t m\_Extra_{j,k,t} +$$

$$\sum_p \sum_j \sum_k \sum_t VC\_extra_{p,j} \times Q\_extra_{p,j,k,t} \qquad (5-20)$$

$$Structure\_Cost = SC \times \sum_k n_k \qquad (5-21)$$

BST-mT 是一个通用模型，它可以包含多个承运人。不与其他承运人共享资源的单个承运人的情况，可以很容易地由该模型推导出。BST-mT 模型适合不同元素个数的承运人集合（集合 K）。所有包含索引 k 的参数和变量使模型能够适应不同规模的联营。多个承运人之间的博弈将在接下来的部分介绍。

5.3　多个承运人之间的合作方案

本部分介绍一种实现承运人之间合作的方法。这种方法是基于合作博弈，更明确地说是基于 Shapley 值原理。下面分三个步骤解释该方法：首先，介绍合作协议的原理；其次，阐述规划合作方法的主要步骤；最后，定义该协议的一个附加步骤，以描述运输能力的限制如何导致承运人拒绝制造商的部分交付请求。

5.3.1　引入合作方案

如前所述，多个供应链参与者合作以服务一组客户。根据合作博弈论，承运人可被视为博弈的合作伙伴，并将图 5-1 中所示的联营看作博弈的联盟。正如在本书的工作假设（5.1 节）中提到的，第四方物流的经济模型不包含在本书的研究范围中。事实上，本书考虑多个承运人之间的合作——

T_1、T_2、$\cdots$、T_m。据此产生了 N ($N = 2^m$) 个联盟 (Coalition)，如联盟 (T_1)、联盟 (T_2)、联盟 (T_1&T_2)、联盟 (T_1&T_2& $\cdots$&T_m) 和联盟 $\varnothing$ (空集)。让我们回顾一下合作博弈论和 Shapley 值的重要定义，这些已在第 4 章中详细讲述。

图 5-3 展示了一个带有垂直时间轴的 UML 序列图，包括一个第四方物流、一个制造商 (Manufacturer)，以及有限个 (三个) 承运人 (Transport operator)。第四方物流接收来自制造商的交付请求及来自承运人的内部信息。然后，第四方物流运行与每个可能联盟相关的 BST-mT 模型，从而计算出每个合作伙伴的 Shapley 值。第四方物流将计划发送承运人，并告知他们在合作的情况下的潜在利益。根据第四方物流制订的计划，承运人为制造商提供产品的运送服务。之后，制造商向第四方物流支付全部的运输服务费用，然后第四方物流向每个合作伙伴 (承运人) 支付费用。实际上，合作协议主要由以下三个步骤组成：博弈 (Game)、决策 (Decision) 和供应链活动的实施 (Implementation)，如图 5-3 所示。

(1) 博弈：使用从制造商和每个承运人获得的信息，第四方物流运行 BST-mT 模型 (见图 5-3 中的编号 3)。如果博弈具有超加和性 (Super-additive)，第四方物流将计算每个合作伙伴的 Shapley 值，否则将终止博弈 (见图 5-3 中的编号 4 和编号 5)。

(2) 决策：第四方物流验证大联盟 (Grand Coalition) 的博弈属性 (见图 5-3 中的编号 6)，如果 Shapley 值在核中，则大联盟的合作成功，每个合作伙伴 (承运人) 都将按照大联盟实施合作运输计划。Shapley 值并不是在所有情况下都在核中，如果 Shapley 值不在核中，大联盟的合作就不是最佳解决方案。如果这样，大联盟的合作就终止了。

(3) 实施：在实际的运输活动中，将实施大联盟中合作伙伴的计划。如图 5-3 所示，第四方物流将计划和相应的收益值 (Payoff) 发送给每个承运人 (见图 5-3 中的编号 7)。每个承运人从制造商处取货，根据第四方物流制订的运输计划响应 (Reply) 制造商的交付请求 (见图 5-3 中的编号 8)。注意，所有合作伙伴之间的资金转移没有在这个图 5-3 中展示。

介绍了这些之后，下面将介绍本书的研究中合作方法的细节和主要步骤。

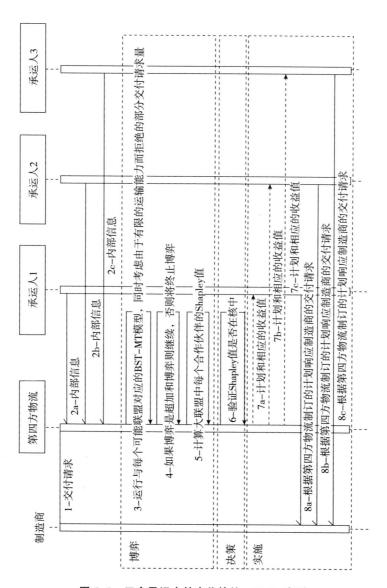

图 5-3　三个承运人的合作协议：UML 序列

5.3.2　合作规划方法的主要步骤

根据上文内容，基于 Shapley 值的合作方法主要步骤如图 5-4 所示，对应图 5-3 中的"博弈"和"决策"步骤。在这里需要介绍 ϕ_i 的定义，ϕ_i 代表博弈方 i 的 Shapley 值 [ϕ_i 是 $\phi_i(N, v)$ 的简化表示]。Shapley 值是基于每个联盟的收益（Payoff）- $v(S)$ 来计算的（Kevin and Shoham，2008）。值得一提的是，收益 [$v(S)$] 是由模型仿真的结果得出的。

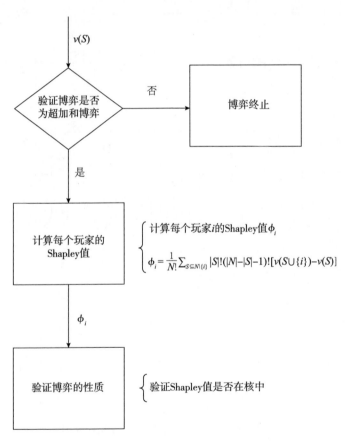

图 5-4　基于 Shapley 值的合作方法主要步骤

在计算 Shapley 值之前，需要验证合作博弈的一个必要条件以决定博弈是否可以继续，即超加和博弈（Super-additive Game）的性质。这类似于"继续或不继续"的决策。当得到每个合作伙伴的 Shapley 值时，必须验证一个性质——Shapley 值是否在核（Core）中。检验这一性质有助于判断大联盟是否稳定，以及这个联盟是否是最佳的合作方式。否则，相比于独立工作，博弈伙伴之间的合作效率则较低。

如果合作博弈成功，大联盟的计划将在实际的运输活动中实施 [见图 5-3 中的"实施（Implementation）"步骤]。

5.3.3　运输能力有限时承运人拒绝部分交付请求的情况

本部分将介绍一种需要附加处理的情况，即当承运人的运输能力不足以满足制造商的整个交付请求时，需要增加一些步骤。这种附加处理发生在图 5-3 中的"博弈"（Game）阶段。它有助于合作伙伴获得合理的收益（Payoff）。这意味着当承运人的运输能力不足以满足全部的交付请求时，他们可以只接受部分的交付请求，以避免过多的罚款（延迟送货）成本。相应地，总成本也会降低。因此，认为交付请求的某些部分是被承运人拒绝的，这些数量被称为"拒绝送货量"（Discarded Quantities）。因此，在这种情况下，承运人只处理整个交付请求的一部分。根据 5.1 节中的假设，这些被拒绝的送货量不会产生由承运人联盟支付的罚款。

为了模拟承运人在规划时间范围内拒绝为制造商的部分交付请求提供运输服务的情况，在承运人的运输能力非常有限的条件下，将实施如图 5-5 所示的机制。如果承运人有足够的运输能力服务全部的交付请求，则直接获得收益，如图 5-5 所示。如果承运人必须拒绝一部分交付请求，因为这部分交付量在整个规划时间范围内都无法被服务，那么制造商初始的交付量将会减少，减少的交付量就是最后一个时段尚未配送的产品数量，如图 5-5 中虚线框所示。前几个时段的产品交付请求必须优先服务，因为没有足够的时间找到不中断服务的解决方案，因此假设拒绝的送货量从最后一个时段的交付请求开始考虑，依次向前，以便在承运人运输能力有限的情况下保持一定的时间弹性，即使可能会有一些延迟交付量。

第一次运行 BST-mT 模型，判断是否有需要拒绝的交付量，如果有，则

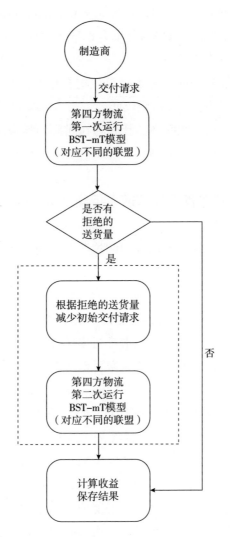

图 5-5　拒绝制造商部分交付请求的信息流

使用模型运行结果估计拒绝的交付量，从而减少初始交付请求的数量，并根据减少的交付请求再次运行 BST-mT 模型（第二次运行），以评估拒绝部分交付请求的影响。收益将根据第二次运行 BST-mT 模型的结果来确定。

　　下面引入一个例子来解释图 5-5 中的流程。表 5-2 给出了 BST-mT 模型第一次运行的部分结果：最后一个时段累计的延迟送货量为 900 件，但承运人不能提供运输服务给这部分交付请求，因此必须拒绝。最后一个时段的交付请求应减去这个数量，因此，时段 4 的新的交付请求量将是 "6000－900＝5100"。交付请求数量的减少情况如表 5-3 所示。

表 5-2　一个承运人联盟第一次运行 BST-mT 模型的结果

产品	客户	时段	交付请求（件）	送货量（件）	延迟送货量（件）
1	1	1	6500	4700	1800
1	1	2	4500	6300	0
1	1	3	5500	5000	500
1	1	4	6000	5600	900

表 5-3　一个承运人联盟第二次运行 BST-mT 模型的结果

产品	客户	时段	交付请求（件）	送货量（件）	延迟送货量（件）
1	1	1	6500	4700	1800
1	1	2	4500	6300	0
1	1	3	5500	5000	500
1	1	4	5100	5600	0

5.4　三个承运人的合作实例

为了看到该方法的具体效果，本部分将以三个承运人的合作为例，用一个算例来说明合作方法。以下将展示合作的几个部分，如主要输入参数，合作过程——包括博弈、决策和实施三部分，以及限制制造商的交付请求等。

5.4.1　合作流程

这里使用算例来实现图 5-4 所示的博弈过程，从而说明前文对博弈的描述。本节将不展示输入参数的值，这是因为它们对说明合作方法没有实际意义。图 5-6 给出的数值是用来帮助理解合作过程的，因此不对结果进行解释。然而，当前的算例是基于第 7 章详细阐明的数值的。首先介绍一下总成本 $c(S)$，它表示联盟 S 的所有成本，具体定义如下：$c(S)=Cost\_T+Penalty\_T+Extra\_Cost\_T+Structure\_Cost$，其中的元素 $Cost\_T$、$Penalty\_T$、$Extra\_Cost\_T$ 及 $Structure\_Cost$ 源自 BST_mT 模型。

注意，每个承运人的运输计划也是由 BST_mT 模型生成的。我们为每个联盟（Coalition）S 运行相应的 BST-mT 模型。让我们回顾一下，这个模型是一个通用模型，可以适用于所有联盟。例如，一个合作伙伴的联盟只包括一个承运人。运行每个联盟相应的模型后，将成本的不同组成部分（$Cost\_T$、$Penalty\_T$、$Extra\_Cost\_T$、$Structure\_Cost$）相加得到总成本。

图 5-6 展示了各联盟运行相关 BST-mT 模型得到的成本（Cost）和成本节省值（Cost Saving），以及计算出的每个合作伙伴的 Shapley 值。三个承运人合作共有 8 个可能的联盟：联盟（T_1）、联盟（T_2）、联盟（T_3）、联盟（$T_1\&T_2$）、联盟（$T_1\&T_3$）、联盟（$T_2\&T_3$）、联盟（$T_1\&T_2\&T_3$）和 ϕ（空集）。通过运行各联盟相应的模型，可以得到各联盟的总成本。

如图 5-6 所示，每个合作伙伴 T_i 都获得了相同的成本节省值。这意味着每个合作伙伴的成本不是 $c(T_i)$（$i=1$，2，3），而是 $c(T_i)-\phi(T_i)$。因此，在本例中，开销减少为其初始值的 $\dfrac{c(T_i)-\phi(T_i)}{c(T_i)}\times100\%=\dfrac{27016-12167}{27016}\times$ $100\%\approx55\%$。三个承运人服务于制造商，因此，第四方物流从这三个承运人获得管理费（承运人的结构成本）。每个合作伙伴均采用 $T_1\&T_2\&T_3$ 大联盟相应 BST-mT 模型的计划。

（1）博弈。

使用从制造商和三个承运人得到的信息，第四方物流为每个可能的联盟（包括大联盟和所有小联盟）运行 BST-mT 模型。因此，可以得到每个联盟的总成本值 $c(S)$，进而可以推导出每个联盟的收益 $v(S)$。例如，当 $c(T_1\&T_3)=45618$ 时，$v(T_1\&T_3)=c(T_1)+c(T_3)-c(T_1\&T_3)=8413$，如图 5-6 所示。在计算 Shapley 值之前，我们需要验证该博弈是否为超加和博弈。大联盟为 $\{T_1,\ T_2,\ T_3\}$，因此 $N=\{T_1,\ T_2,\ T_3\}$，符合超加和博弈的定义。

下面我们将通过计算来验证前面例子中的博弈是否具有超加和特性。表 5-4 使用数值计算解释了如何检查博弈的超加和特性。

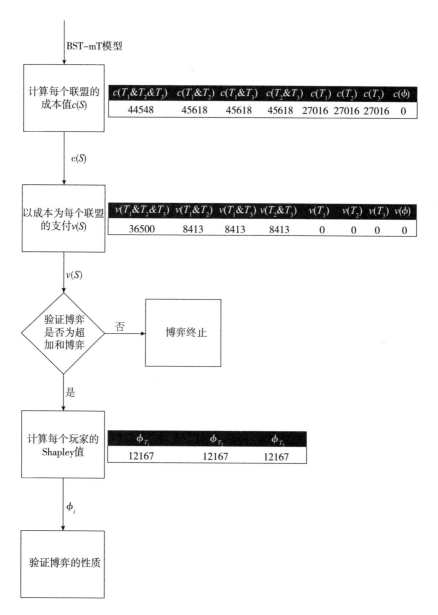

图 5-6　合作过程中每一步的结果（算例）

因此，对于该算例中的所有集合 S，$M \subset N$，如果 $S \cap M = \phi$，则同时存在 $v(S \cup M) \geqslant v(S) + v(M)$，因此该算例中的博弈是超加和博弈。

验证了博弈的超加和性之后，我们计算大联盟中每个合作伙伴的 Shapley 值，如图 5-6 中的 ϕ_{T_1}、ϕ_{T_2} 和 ϕ_{T_3}。

表 5-4 验证合作博弈的超加和性（Super Additivity）

S	M	$v(S \cup M)$	$v(S)$	$v(M)$	$v(S)+v(M)$	$v(S \cup M) \geq v(S)+v(M)$
$\{T_1\}$	$\{T_2, T_3\}$	36500	0	8413	8413	True
$\{T_2\}$	$\{T_1, T_3\}$	36500	0	8413	8413	True
$\{T_3\}$	$\{T_1, T_2\}$	36500	0	8413	8413	True
$\{T_1\}$	$\{T_3\}$	8413	0	0	0	True
$\{T_2\}$	$\{T_3\}$	8413	0	0	0	True
$\{T_1\}$	$\{T_2\}$	8413	0	0	0	True

（2）决策。

第四方物流判定大联盟的博弈属性。在本例中，Shapley 值 ϕ_i 是核的定义中的收益向量 x_i。

对于 ϕ_i，公式 $\sum_{i \in S} x_i \geq v(S)$ 显然为真；

对于 $\{T_1\}$，$x_{T_1} \geq v(T_1)$ 为真，如图 5-6 中所示 $\phi_{T_1} \geq v(T_1)$；

类似地，对于 $\{T_2\}$、$\{T_3\}$、$\{T_1 \& T_2\}$、$\{T_1 \& T_3\}$、$\{T_2 \& T_3\}$ 和 $\{T_1 \& T_2 \& T_3\}$，有 $\phi_{T_2} \geq v(T_2)$，$\phi_{T_3} \geq v(T_3)$，$\phi_{T_1}+\phi_{T_2} \geq v(T_1 \& T_2)$，$\phi_{T_1}+\phi_{T_3} \geq v(T_1 \& T_3)$，$\phi_{T_2}+\phi_{T_3} \geq v(T_2 \& T_3)$，以及 $\phi_{T_1}+\phi_{T_2}+\phi_{T_3} \geq v(T_1 \& T_2 \& T_3)$，从而对于 $\forall S \subseteq N$，$\sum_{i \in S} x_i \geq v(S)$ 为真。

因此，这些 Shapley 值在核中，大联盟的合作是有效的。所以，每个合作伙伴都将实施大联盟的计划。

（3）实施。

在实际的运输活动中，人们将实施大联盟的计划。每个承运人的 Shapley 值代表其成本节省值。

5.4.2 拒绝部分交付请求的情况

在算例演示的最后，本部分将介绍在运输能力非常有限的情况下如何决定拒绝的交付请求量。当 BST-mT 模型第一次运行的结果中出现规划时间范围内无法送达的交付请求时（见图 5-5），联盟是如何拒绝这部分交付请求的？表 5-5 显示了算例中联盟产生计划的一部分。据此，联盟拒绝提供运输服务给最后一个时段仍无法送达的交付请求量，并认为这一数量为拒绝的交付请求量（见表 5-5 中突出显示的数据）。

表 5-5　第一次仿真的结果

产品	客户	时段	交付请求（件）	送货量（件）	延迟送货量（件）
1	1	1	0	0	0
1	1	2	6500	4700	1800
1	1	3	7500	4400	4900
1	1	4	8500	12700	700
1	1	5	6500	4100	3100
1	1	6	8500	11600	0
1	1	7	8950	4760	4190
1	1	8	10000	3800	10390
1	1	9	8500	10600	8290
1	1	10	0	0	8290

表 5-5 中，最后一个时段的延迟送货量（8290）被拒绝，且时段 9 中的部分交付请求数量被取消，则表示存在运输提前期。如表 5-6 所示，靠前的时段，其交付请求被优先运输，最后一个时段才开始拒绝交付请求，这可以给承运人更多的时间来安排运输任务。

表 5-6　使用新的交付请求进行第二次仿真

产品	客户	时段	新的交付请求（件）	送货量（件）	延迟送货量（件）
1	1	1	0	0	0
1	1	2	6500	4700	1800
1	1	3	7500	4400	4900
1	1	4	8500	12700	700
1	1	5	6500	4100	3100

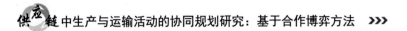
续表

产品	客户	时段	新的交付请求（件）	送货量（件）	延迟送货量（件）
1	1	6	8500	11600	0
1	1	7	8950	4760	4190
1	1	8	10000	3800	10390
1	1	9	210	10600	0
1	1	10	0	0	0

小　结

本章描述了合作博弈的实现，以解决供应链参与者的协作规划问题。供应链参与者的联营强调合作的观点，这与博弈论中的联盟概念一致。

根据博弈玩家的同质性或异质性，本章提出了两种博弈类型。本章讲述了同质玩家博弈——同级供应链参与者。同级供应链参与者之间的合作涉及多个承运人。为了实现多个承运人合作规划，本章建立了承运人的 BST-mT 模型。

然后，本章分博弈、决策和实施三个步骤描述了合作协议。当获得收益值时，需要判断博弈是否为超加和博弈。如果博弈是超加和博弈，博弈将继续并计算 Shapley 值，否则博弈将终止。博弈的性质（Shapley 值是否在核中）在博弈的最后一步进行了验证。最后，大联盟的计划将在实际的运输活动中执行。

承运人之间的合作采用了允许拒绝部分交付请求的原则，有助于合作伙伴获得合理的收益。

在下一章，我们将继续介绍异质玩家博弈——两级供应链参与者的合作方案与规划模型。

第6章

两级供应链参与者的
合作方案与
规划模型

上一章讲述了同质玩家博弈，研究了多个承运人——同级供应链参与者为满足制造商的交付请求而进行合作。本章讲述异质玩家博弈中，一个制造商和多个承运人——两级供应链参与者为了满足最终客户的产品需求而进行合作。

本章将介绍以下内容：首先，引入一个制造商与多个承运人之间的合作；其次，提出制造商的规划模型，以及单制造商与多承运人的混合规划模型（Hybrid Planning Model）；再次，制定制造商与多个承运人之间的博弈协议；最后，使用包含一个制造商和两个承运人的实例演示博弈过程。

6.1　一个制造商与多个承运人之间的合作

本章中研究的合作背景由以下供应链参与者构成：提出产品需求的客户、拥有生产资源的制造商和拥有运输资源的多个承运人。第四方物流收到客户的产品需求，并考虑制造商和承运人的所有资源后，准备服务客户，根据承运人和制造商给出的信息做出计划决策。如图 6-1 所示，这些信息包括生产能力、运输能力、运输提前期等。

与第 5 章相比，本章的主要区别在于研究的内容是制造商与承运人合作服务于客户的产品需求。此外，本章还必须考虑拒绝的产品需求量，拒绝的部分将产生赔偿成本。拒绝客户部分的产品需求的原因是，制造商或承运人的生产或运输能力不足，不能响应客户全部的产品需求数量，因此客户要求制造商赔偿。

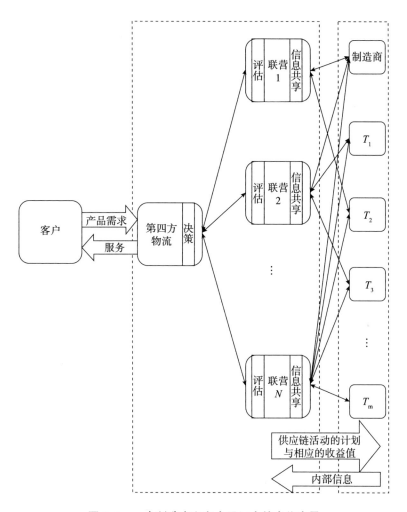

图 6-1　一个制造商和多个承运人的合作全景

　　为了向客户提供最佳的服务，第四方物流建立一个的合作伙伴联营（Pool）。图 6-1 为一个制造商与 m 个承运人（标签 T_1 至 T_m）合作的整体情况。第四方物流选择所有这些联营中的一个，根据给定的目标提供产品的交付，目标诸如为客户提供最佳服务，或使联营中的每个合作伙伴获得最大利润。第四方物流根据客户的产品需求（Demand），受限于联营的能力提供服务（Service）。然后，第四方物流向选定联营中的制造商和承运人发送计划和预期收益。同时，第四方物流向承运人收取一些费用作为管理费。作为联营的管理者，第四方物流致力于使每个合作伙伴对其收益满意，使其获得可能的最佳收益。

上一章关于多个承运人合作的所有假设在本章仍然有效。同时，关于制造商的假设如下：

（1）制造商生产不同的产品，以满足不同客户的需求。

（2）假定制造商生产成品所需的原材料存货是无限的，并且运输只涉及成品的运送。因此，原材料的补货决策不在本书研究的范畴之内。

（3）生产能力和成品库存容量是有限的。

（4）制造商了解所有客户在整个规划时间范围内对产品的需求。

（5）由于制造商和承运人的能力有限，客户的产品需求不能每次都得到满足。因此，客户被迫接受交付的产品数量可能少于最初订购的数量，从而导致部分的产品需求不能得到满足，这部分数量被称为拒绝的交货量。拒绝的交货量的值是客户对产品的总需求与制造商或联营在整个规划时间范围内的总交付数量之差。供应不足的情况下，制造商需要向最终客户支付一定的赔偿金。

（6）客户可以接受交货数量与初始订购数量的小规模偏差。这些偏差产生了需要支付给客户的赔偿金。本章还定义了延迟交付数量和提前交付数量的概念。对于制造商而言，可以提前交付的数量是有限的，这是因为本章认为客户的库存空间是有限的，任何提前收到的产品会导致客户的库存增加，从而使客户增加更多的成本。

（7）制造商知道运送至不同客户的运输价格，以及运输提前期。

（8）制造商需要了解每个承运人的运输能力。由于数据机密性的原因，承运人没有和其他供应链参与者交流包含运输能力在内的机密信息。然而，制造商必须评估承运人的运输能力，以准确决策其交付计划的产品数量，并偏好较低地估计承运人的运输能力，以控制自身的风险。

5.2 节中的 BST-mT 模型描述了承运人的活动。下一节将建立生产计划模型来描述制造商的活动，制造商必须与联营中的承运人合作。之后，本章将提出一个混合模型（即制造商和承运人）来描述包括制造商和承运人在内的联营的活动。

6.2 制造商规划模型——获得最佳利润的制造商模型（BPP 模型）

本部分将介绍制造商的规划模型。制造商希望获得最大的利润，该模型恰好符合这一目标。在这种情况下，我们为制造商建立了获得最佳利润的生产模型，简称为 BPP 模型。

混合模型的建立是为了将制造商和承运人的活动结合起来，以整体获得最大的利润为目标。考虑到不同的承运人数量和最佳利润的目标，我们将该模型命名为 BPP&mT 模型，即该模型可以模拟 m（1、2、3…）个承运人的活动。

在此，我们给出一些关于 BPP 模型的一般信息，对应以下假设：

制造商接收客户对于产品的需求（Customer Demand），同时考虑自身资源及能力的约束，寻求其利润最大化。运行 BPP 模型，可以生成生产计划（Production Plan）、交货计划（Delivery Plan）和产品库存计划（Inventory Plan），如图 6-2 所示。

参数（Parameters）、变量（Variables）、自身资源约束（Resource Constraints）和目标函数（Objective Function）将在下面详细介绍。

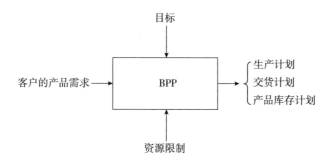

图 6-2 BPP 模型的输入和输出

6.2.1 模型的参数

数学模型的输入用参数表示。这些参数包括客户的产品需求（Customer Demand）、生产提前期（Production Lead Time）、制造商的能力（Capacity）和财务信息等。这个模型中使用的参数如下所示：

$d_{p,j,t}$	客户 j 在时段 t 对于产品 p 的订购量
DP_p	生产产品 p 的生产提前期
DT_j	服务客户 j 的运输提前期
$Pcap_p$	每个时段产品 p 的生产能力
$Icap_p$	每个时段产品 p 的成品库存容量
u_p	生产一单位产品 p 需要的资源量
v_p	单位产品 p 的重量
CS_p	单位产品 p 的库存成本
CP_p	单位产品 p 的生产成本
$CR_{p,j}$	客户 j 订购产品 p 的单位延迟交付量赔偿金
$CE_{p,j}$	客户 j 订购产品 p 的单位提前交付量赔偿金
$DC_{p,j}$	客户 j 订购产品 p 的单位拒绝交付量赔偿金
$Emax_{p,j}$	每个时段允许向客户 j 提前交付产品 p 的最大数量
$SP_{p,j}$	将产品 p 销售给客户 j 的单价
$TP_{p,j}$	运送至客户 j 的每单位产品 p 的运输价格
D_j	服务客户 j 的卡车占用时间
R	承运人拥有的卡车数量
cap	承运人自有卡车的装载量
$|T|$	有效时段数

6.2.2 模型的决策变量

决策变量对应图 6-2 中所示数学模型的输出：生产计划、交货计划（包括与客户的产品需求有偏差的提前交货数量和延迟交货数量）及产品库存计划。在数学模型中，产品的数量被定义为整数变量。该模型的决策变量如下：

$i_{p,j,t}$　　　　　客户 j 订购的产品 p 在时段 t 的库存数量

$f_{p,j,t}$　　　　　客户 j 订购的产品 p 在时段 t 的生产数量

$l_{p,j,t}$　　　　　制造商在时段 t 为客户 j 交付产品 p 的数量

$b_{p,j,t}$　　　　　客户 j 在时段 t 要求的产品 p 的延迟交货量

$e_{p,j,t}$　　　　　客户 j 在时段 t 要求的产品 p 的提前交货量

6.2.3　模型的约束条件

模型中的决策变量受资源约束，如生产能力（Production Capacity）、成品库存容量（Inventory Capacity）和估计的运输能力等。模型的约束条件如下：

（1）库存平衡，如式（6-1）所示。

$$i_{p,j,t} = i_{p,j,t-1} + f_{p,j,t-DP_p} - l_{p,j,t} \qquad \forall p \in P, \ \forall t \in T \qquad (6-1)$$

这个约束描述各时段成品的库存量（$i_{p,j,t}$）。每个时段的成品库存数量是不同的，即存货数量因生产而增加，增加量为（$f_{p,j,t-DP_p}$）；因交货而减少，减少量为（$l_{p,j,t}$）。

（2）产品交货量与客户需求的偏差，如式（6-2）所示。

$$l_{p,j,t} - e_{p,j,t} + b_{p,j,t} = d_{p,j,t+DT_j} - e_{p,j,t-1} + b_{p,j,t-1} \qquad \forall p \in P, \ \forall j \in J, \ \forall t \in T$$

$$(6-2)$$

用该约束表示每个时段客户发出的产品需求（$d_{p,j,t+DT_j}$）与交货数量（$l_{p,j,t}$）之间的偏差。这里必须考虑运输提前期 DT_j，即客户在 $t+DT_j$ 时段的需求需要制造商在 t 时段交付。在每个单一时段内，根据生产能力的限制和制造商估计的运输能力，交付量可以比客户需求少（$b_{p,j,t}$）或多一点（$e_{p,j,t}$）。这个等式描述当前时段（$b_{p,j,t}$ 或 $e_{p,j,t}$）与上一时段（$b_{p,j,t-1}$ 或 $e_{p,j,t-1}$）需求和交付数量的差值。

（3）提前交付限制，如式（6-3）所示。

$$e_{p,j,t} \leqslant Emax_{p,j} \qquad \forall p \in P, \ \forall j \in J, \ \forall t \in T \qquad (6-3)$$

提前交付给客户的产品数量（$e_{p,j,t}$）受这个约束限制。客户允许制造

商有一定的灵活性（$Emax_{p,j}$）来提前交付产品。

（4）交货量约束，如式（6-4）所示。

$$\sum_t l_{p,j,t} \leqslant \sum_t d_{p,j,t} \qquad \forall p \in P, \ \forall j \in J \qquad (6\text{-}4)$$

对于每个客户订购的每种产品，其在整个规划时间范围内的累计交货数量（$\sum_t l_{p,j,t}$）必须小于相应的累计客户需求数量（$\sum_t d_{p,j,t}$）。

（5）生产量约束，如式（6-5）所示。

$$\sum_t f_{p,j,t} \leqslant \sum_t l_{p,j,t} \qquad \forall p \in P, \ \forall j \in J \qquad (6\text{-}5)$$

在整个规划时间范围内，每个客户订购的每种产品的累计生产数量（$\sum_t f_{p,j,t}$）不得超过相应的累计交货数量（$\sum_t l_{p,j,t}$）。

（6）生产资源约束，如式（6-6）所示。

$$\sum_j \sum_{k=1}^{DP_p} u_p \times f_{p,j,t-k+1} \leqslant Pcap_p \qquad \forall p \in P, \ \forall t \in T \qquad (6\text{-}6)$$

这个约束表达了，实际的生产负荷（$\sum_j \sum_{k=1}^{DP_p} u_p \times f_{p,j,t-k+1}$）不可以超过生产资源量（$Pcap_p$）。

（7）成品存货容量约束，如式（6-7）所示。

$$\sum_j v_p \times i_{p,j,t} \leqslant Icap_p \qquad \forall p \in P, \ \forall t \in T \qquad (6\text{-}7)$$

这个约束条件考虑了成品存货容量（Inventory Capacity）。在规划周期内的每个时段，每种产品所占库存空间（$\sum_j v_p \times i_{p,j,t}$）不得超过这种产品的总库存空间（$Icap_p$）。

（8）使用估计的运输能力约束交付数量，如式（6-8）所示。

$$\sum_t \sum_j \sum_p l_{p,j,t} \times v_p \leqslant \frac{|R|}{\dfrac{\sum_j D_j}{|J|}} \times cap \times |T| \times percentage \qquad (6\text{-}8)$$

当单独考虑制造商时（即制造商作为一个独立的供应链参与者，与其他供应链参与者没有机密信息共享），制造商不知道承运人确切的运输能力，因此制造商必须对运输能力进行估计。利用承运人给出的有限信息，制造商估计承运人的运输能力以约束其生产活动。承运人的 $|R|$ 辆卡车被认为是向制造商的交付请求量提供运输服务。运输至每个客户 j 的卡车占用时

间为 D_j，因此对于所有客户，卡车占用时间的平均值为 $\dfrac{\sum_j D_j}{|J|}$。由此，每

辆货车在出发后的 $\dfrac{\sum_j D_j}{|J|}$ 天内被认为是忙碌的。在此假设条件下，估算每

天（每个时段）的平均空闲卡车数量为 $\dfrac{|R|}{\dfrac{\sum_j D_j}{|J|}}$。"cap" 是每辆卡车的载重

能力。为了保守估计承运人的运输能力，将这个估算乘以一个"百分比"
（Percentage），这是一种对实际运输能力的较低估算。这就能确保承运人有
足够的运输能力来满足全部交付请求量，同时制造商的全部交付请求量也
能被提供运输服务。在规划周期范围内，客户产品需求不为零的时段数为
$|T|$。制造商考虑承运人有限的运输能力，根据约束式（6-8）安排其交货
计划（$l_{p,j,t}$）。

（9）非负约束，如式（6-9）~式（6-13）所示。

$$i_{p,j,t} \geqslant 0 \qquad \forall p \in P,\ \forall j \in J,\ \forall t \in T \qquad (6\text{-}9)$$

$$f_{p,j,t} \geqslant 0 \qquad \forall p \in P,\ \forall j \in J,\ \forall t \in T \qquad (6\text{-}10)$$

$$l_{p,j,t} \geqslant 0 \qquad \forall p \in P,\ \forall j \in J,\ \forall t \in T \qquad (6\text{-}11)$$

$$b_{p,j,t} \geqslant 0 \qquad \forall p \in P,\ \forall j \in J,\ \forall t \in T \qquad (6\text{-}12)$$

$$e_{p,j,t} \geqslant 0 \qquad \forall p \in P,\ \forall j \in J,\ \forall t \in T \qquad (6\text{-}13)$$

这些约束确保模型中的所有变量都是非负数。

6.2.4　模型的目标函数

该模型的目标是使总利润最大化，如式（6-14）所示。

制造商的利润是从客户那里获得的收入与总成本之间的差额。总成本
包括生产成本（Production Cost，Fcost）、库存成本（Inventory Cost，Icost）、
赔偿成本（Penalty Cost，Penalty）及运输成本（Transportation Cost，Tcost）。
生产成本是指生产产品的成本，包括原材料费用、生产机器运转的费用和
相应的劳动力费用等。存货成本是指因成品的库存而产生的成本。赔偿成
本分为三部分，分别由延迟交货数量、提前交货数量和拒绝的部分交货数

量产生。拒绝的部分交货数量的赔偿成本并不是在所有情况下都存在，这部分的赔偿成本只有在根据 6.4.2 节的协议第二次运行模型的情况下才会产生。顾客 j 订购的产品 p 的拒绝交付数量为整个规划时间范围内客户的总需求数量（$\sum_t d_{p,j,t}$）与制造商的总交付数量（$\sum_t l_{p,j,t}$）的差值。拒绝交货量的值为第一次运行模型的结果中，最后一个时段的延迟交货数量（b_{p,j,T_F}）。运输成本是支付给承运人的运输服务费用。该模型的目标函数如式（6-15）~式（6-20）所示：

$$\max(profit) \tag{6-14}$$

$$Profit = revenue - fcost - icost - penalty - tcost \tag{6-15}$$

$$revenue = \sum_p \sum_j \sum_t SP_{p,j} \times l_{p,j,t} \tag{6-16}$$

$$fcost = \sum_p \sum_j \sum_t CP_p \times f_{p,j,t} \tag{6-17}$$

$$icost = \sum_p \sum_j \sum_t CS_p \times i_{p,j,t} \tag{6-18}$$

$$penalty = \sum_p \sum_j \sum_t CR_{p,j} \times b_{p,j,t} + \sum_p \sum_j \sum_t CE_{p,j} \times$$

$$e_{p,j,t} \left(+ \sum_p \sum_j DC_{p,j} \times b_{p,j,T_F} \right) \tag{6-19}$$

$$tcost = \sum_p \sum_j \sum_t TP_j \times l_{p,j,t} \tag{6-20}$$

6.3 生产—运输联合规划模型——以获得最佳利润为目标的单制造商和多承运人的混合规划模型（BPP&mT 模型）

BST-mT 和 BPP 模型的假设对于 BPP&mT 模型仍然有效。

生产和运输的联合规划模型，即制造商和承运人收到客户的产品需求，考虑自身的资源约束，并以利润最大化为目标（Objective）。运行模型的结果是，生成了制造商的生产计划和库存计划，也生成了每个承运人的运输资源使用计划（Resource Utilization Plan）及承运人的送货计划——同时也必须是制造商的实际交付计划，如图 6-3 所示。

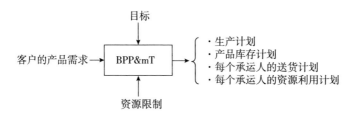

图 6-3　BPP&mT 模型的输入和输出

BPP&mT 模型的参数、变量、自身资源约束和目标函数如下：

6.3.1　模型的参数

BPP&mT 模型的参数包括与制造商相关的信息，同时也包括与承运人相关的信息，定义如下：

$d_{p,j,t}$	客户 j 在时段 t 对于产品 p 的订购量
DP_p	生产产品 p 的生产提前期
DT_j	服务客户 j 的运输提前期
$Pcap_p$	每个时段产品 p 的生产能力
$Icap_p$	每个时段产品 p 的成品库存容量
u_p	生产一单位产品 p 需要的资源量
v_p	单位产品 p 的重量
CS_p	单位产品 p 的库存成本
CP_p	单位产品 p 的生产成本
$CR_{p,j}$	客户 j 订购产品 p 的单位延迟交付量赔偿金
$CE_{p,j}$	客户 j 订购产品 p 的单位提前交付量赔偿金
$DC_{p,j}$	客户 j 订购产品 p 的单位拒绝交付量赔偿金
$Emax_{p,j}$	每个时段允许向客户 j 提前交付产品 p 的最大数量
$SP_{p,j}$	将产品 p 销售给客户 j 的单价
D_j	服务客户 j 的卡车占用时间
$FC_{j,k}$	当使用承运人 k 的自有运输资源服务客户 j 时的目的地

	相关运输成本
$FC\_extra_{j,k}$	当使用承运人 k 的外部运输资源服务客户 j 时的目的地相关运输成本
$VC_{p,j}$	使用承运人的自有运输资源时，运输一单位产品 p 至客户 j 产品相关运输成本
$VC\_extra_{p,j}$	当承运人使用外部运输资源以增加其运输能力时，运输一单位产品 p 至客户 j 产品相关运输成本
R_k	承运人 k 的自有卡车数量
cap_k	承运人 k 自有卡车的装载量
$M\_extra_{j,k,t}$	在时段 t 承运人 k 可以使用的服务于客户 j 的外部运输资源卡车数量的最大值
cap_extra_k	承运人 k 租用的外部运输资源的卡车装载量
M	一个大数，可认为是无穷大
SC	单个承运人相关的结构成本

6.3.2　模型的决策变量

决策变量对应 BPP&mT 模型的输出：生产计划、库存计划、送货计划和每个承运人的运输资源使用计划。该模型的决策变量还包括偏离客户产品需求的数量——提前送货量和延迟送货量。模型的决策变量如下：

$i_{p,j,t}$	客户 j 订购的产品 p 在时段 t 的库存数量
$f_{p,j,t}$	客户 j 订购的产品 p 在时段 t 的生产数量
$b_{p,j,t}$	客户 j 在时段 t 要求的产品 p 的延迟交货量
$e_{p,j,t}$	客户 j 在时段 t 要求的产品 p 的提前交货量
$q_{p,j,k,t}$	在时段 t 从制造商出发使用承运人 k 的自有卡车运往客户 j 的产品 p 的运输量
$q\_extra_{p,j,k,t}$	在时段 t 从制造商出发使用承运人 k 的外部运输资源卡车运往客户 j 的产品 p 的运输量
$m_{j,k,t}$	在时段 t 承运人 k 服务于客户 j 所使用的自有卡车数量
$m\_extra_{j,k,t}$	在时段 t 承运人 k 服务于客户 j 所租用的外部资源卡车

数量

n_k　　　　当承运人 k 参与运输活动时，$n_k=1$；当承运人 k 未参与运输活动时，$n_k=0$

6.3.3　模型的约束条件

生产和运输资源的限制约束了 BPP&mT 模型中决策变量的可能值。因此，下面的约束条件表达了这些限制。注意，这些约束综合考虑了 BST-mT 模型和 BPP 模型的约束。

（1）库存平衡，如式（6-21）所示。

$$i_{p,j,t}=i_{p,j,t-1}+f_{p,j,t-DP_p}-\sum_k(q_{p,j,k,t}+q\_extra_{p,j,k,t})$$
$$\forall p\in P,\ \forall j\in J,\ \forall t\in T \tag{6-21}$$

每个时段的成品库存数量的增量为生产量（$f_{p,j,t-DP_p}$），减少量为总送货量 $\sum_k(q_{p,j,k,t}+q\_extra_{p,j,k,t})$。

（2）产品总送货量与客户产品需求的偏差，如式（6-22）所示。

$$\sum_k(q_{p,j,k,t}+q\_extra_{p,j,k,t})-e_{p,j,t}+b_{p,j,t}=d_{p,j,t+DT_j}-e_{p,j,t-1}+b_{p,j,t-1}$$
$$\forall p\in P,\ \forall j\in J,\ \forall t\in T \tag{6-22}$$

每个时段客户产品需求（$d_{p,j,t+DT_j}$）与总送货数量（$\sum_k(q_{p,j,k,t}+q\_extra_{p,j,k,t})$）之间的偏差可以使用这约束表示，需要说明的是在时段 t 向客户 j 运送的产品 p 的总送货量（$\sum_k(q_{p,j,k,t}+q\_extra_{p,j,k,t})$）必须同时是制造商的交付量。在这里，运输提前期 DT_j 也必须考虑，即在 t 时段制造商交付且承运人开始运送客户在 $t+DT_j$ 时段的需求。在每个时段内，由于制造商生产能力和承运人运输能力的限制，总送货量可以比客户需求少（$b_{p,j,t}$）或多一点（$e_{p,j,t}$）。$b_{p,j,t}$ 和 $e_{p,j,t}$ 分别为当前时段的延迟交货量和提前交货量，$b_{p,j,t-1}$ 和 $e_{p,j,t-1}$ 分别为上一时段的延迟交货量和提前交货量。

（3）提前交付限制，如式（6-23）所示。

$$e_{p,j,t}\leqslant Emax_{p,j}\quad \forall p\in P,\ \forall j\in J,\ \forall t\in T \tag{6-23}$$

因为客户的库存容量是有限的，客户允许的产品提前交货量（$e_{p,j,t}$）

不能超过 $Emax_{p,j}$。

（4）交货量约束，如式（6-24）所示。

$$\sum_t \sum_k \left(q_{p,j,k,t} + q\_extra_{p,j,k,t} \right) \leqslant \sum_t d_{p,j,t} \quad \forall p \in P, \ \forall j \in J$$

$$(6\text{-}24)$$

对于每个客户订购的每种产品，整个规划时间范围内所有承运人的总累计送货数量（$\sum_t \sum_k \left(q_{p,j,k,t} + q\_extra_{p,j,k,t} \right)$）必须小于相应的累计客户需求数量（$\sum_t d_{p,j,t}$）。

（5）制造商的生产资源约束，如式（6-25）所示。

$$\sum_j \sum_{k=1}^{DP_p} u_p \times f_{p,j,t-k+1} \leqslant Pcap_p \quad \forall p \in P, \ \forall t \in T \qquad (6\text{-}25)$$

制造商的实际生产负荷（$\sum_j \sum_{k=1}^{DP_p} u_p \times f_{p,j,t-k+1}$）受限制于可用的生产资源量（$Pcap_p$）。

（6）制造商的成品存货容量约束，如式（6-26）所示。

$$\sum_j v_p \times i_{p,j,t} \leqslant Icap_p \quad \forall p \in P, \ \forall t \in T \qquad (6\text{-}26)$$

制造商的成品库存量受其库存空间制约。在规划周期内的每个时段，每种产品库存所占的存货空间（$\sum_j v_p \times i_{p,j,t}$）不得超过这种产品的总库存容量（$Icap_p$）。

（7）承运人的运输资源约束，如式（6-27）~式（6-30）所示。

$$\sum_p v_p \times q_{p,j,k,t} \leqslant m_{j,k,t} \times cap_k \quad \forall j \in J, \ \forall k \in K, \ \forall t \in T \qquad (6\text{-}27)$$

$$\sum_p v_p \times q\_extra_{p,j,k,t} \leqslant m\_extra_{j,k,t} \times cap\_extra_k$$

$$\forall j \in J, \ \forall k \in K, \ \forall t \in T \qquad (6\text{-}28)$$

$$\sum_j \sum_i^{D_j} m_{j,k,t-i+1} \leqslant R_k \quad \forall k \in K, \ \forall t \in T \qquad (6\text{-}29)$$

$$m\_extra_{j,k,t} \leqslant M\_extra_{j,k,t} \quad \forall k \in K, \ \forall j \in J, \ \forall t \in T \qquad (6\text{-}30)$$

承运人的送货量受其运输能力约束。在 BPP&mT 模型中，承运人同样可以使用两种运输资源，即自有卡车和租用外部资源卡车。每个承运人拥有有限的卡车（R_k）。约束式（6-27）表示，运输至每个客户的各承运人，在单个时段其自有卡车的总产品装载量（$\sum_p v_p \times q_{p,j,k,t}$）受限于其运输能力（$m_{j,k,t} \times cap_k$）。式（6-28）是承运人使用外部资源卡车时，这一限制的表示。对于任何一个承运人来说，在任何一个时段占用卡车的总数量不得超过该承运人拥有的卡车数量，如约束式（6-29）所示。D_j 表示卡车占用时间，指卡车从离开站点到返回该站点的时间间隔。计算占用卡车数量时，必须同时考虑返回途中的卡车，即这一时段所有占用卡车数量的总和（$\sum_j \sum_{i=1}^{D_j} m_{j,k,t-i+1}$）。使用外部资源卡车时，可使用数量受限于可用的外部资源卡车的最大数量，如约束式（6-30）所示。如果外部运输资源不可用，则外部运输资源的运输能力（$M\_extra_{j,k,t}$）等于 0。

（8）生产量约束，如式（6-31）所示。

$$\sum_t f_{p,j,t} \leqslant \sum_t \sum_k (q_{p,j,k,t} + q\_extra_{p,j,k,t}) \qquad \forall p \in P, \ \forall j \in J$$

$$(6-31)$$

在整个规划时间范围内，每个客户订购的每种产品的累计生产数量（$\sum_t f_{p,j,t}$）不得超过相应的所有承运人的总累计送货数量 $\left[\sum_t \sum_k (q_{p,j,k,t} + q\_extra_{p,j,k,t}) \right]$。

（9）承运人是否参与运输活动，如式（6-32）、式（6-33）所示。

$$n_k \leqslant M \times \sum_{j,t} (m_{j,k,t} + m\_extra_{j,k,t}) \qquad \forall k \in K \qquad (6-32)$$

$$\sum_{j,t} (m_{j,k,t} + m\_extra_{j,k,t}) \leqslant M \times n_k \qquad \forall k \in K \qquad (6-33)$$

如果承运人 k 使用其自有卡车或租用外部运输资源参与供应链活动，则 n_k 的值等于 1；否则，$n_k = 0$。

（10）非负约束，如式（6-34）~式（6-38）所示。

$$q\_k_{p,j,k,t} \geqslant 0 \qquad \forall k \in K, \ \forall p \in P, \ \forall j \in J, \ \forall t \in T \qquad (6-34)$$

$$q\_k\_extra_{p,j,k,t} \geqslant 0 \qquad \forall k \in K, \ \forall p \in P, \ \forall j \in J, \ \forall t \in T \qquad (6-35)$$

$$tb_{p,j,t} \geqslant 0 \qquad \forall p \in P, \ \forall j \in J, \ \forall t \in T \qquad (6-36)$$

$$te_{p,j,t} \geqslant 0 \qquad \forall p \in P, \ \forall j \in J, \ \forall t \in T \qquad (6-37)$$

$$m_{j,k,t} \geqslant 0 \qquad \forall k \in K, \ \forall j \in J, \ \forall t \in T \qquad (6-38)$$

这些约束确保模型中的所有变量是非负数。

6.3.4　模型的目标函数

与 BPP 模型类似，BPP&mT 模型的目标也是使总利润最大化，如式（6-

39）所示。BPP&mT 模型与 BPP 模型的主要区别在于该模型考虑的是承运人的运输成本，而不是 BPP 模型考虑的运输价格。

从客户获得的收入［见式（6-41）］与总成本之间的差值是该模型的总利润，如式（6-40）所示。

总成本包括生产成本［见式（6-42）］、库存成本［见式（6-43）］、赔偿成本［Penalty，见式（6-44）］、使用自有卡车的运输成本［见式（6-45）］、使用外部资源卡车的运输成本［extra_tcost，见式（6-46）］及结构成本［Structure_Cost，相当于管理费，见式（6-47）］。其中，赔偿成本涉及因延迟交货量、提前交货量和拒绝的部分交货量而产生的赔偿费用。

$$\max(profit) \tag{6-39}$$

$$Profit = revenue - fcost - icost - penalty - tcost - extra\_cost - structure\_cost \tag{6-40}$$

$$revenue = \sum_p \sum_j \sum_t SP_{p,j} \times q_{p,j,t} \tag{6-41}$$

$$fcost = \sum_p \sum_j \sum_t CP_p \times f_{p,j,t} \tag{6-42}$$

$$icost = \sum_p \sum_j \sum_t CS_p \times i_{pj,t} \tag{6-43}$$

$$Penalty = \sum_p \sum_j \sum_t CR_{p,j} \times b_{p,j,t} + \sum_p \sum_j \sum_t CE_{p,j} \times e_{p,j,t} + \sum_p \sum_j DC_{p,j} \times b_{p,j,T_F} \tag{6-44}$$

$$Tcost = \sum_j \sum_k \sum_t FC_{j,k} \times m_{j,k,t} + \sum_p \sum_j \sum_k \sum_t VC_{p,j} \times q\_k_{p,j,k,t} \tag{6-45}$$

$$Extra\_Tcost = \sum_j \sum_k FC\_extra_{j,k} \times \sum_t m\_extra_{j,k,t} + \sum_p \sum_j \sum_k \sum_t VC\_extra_{p,j} \times q\_k\_extra_{p,j,k,t} \tag{6-46}$$

$$Structure\_Cost = SC \times \sum_k n_k \tag{6-47}$$

6.4　单制造商和多承运人的合作方案

本部分介绍一个制造商和多个承运人之间合作的实现。这种合作的方法基于 Shapley 值原理，这一点与上一章中同级供应链参与者的合作类似。

6.4.1　引入合作方案

在本部分中，我们考虑多个不同种类供应链参与者的合作。制造商和承运人被认为是博弈的玩家，图 6-1 中显示的每个联营（Pool）都对应博弈中的一个联盟。

下面介绍一个制造商与多个承运人（图 6-1 中的 p 和 T_1，T_2，$\cdots$，T_m）之间的博弈。其中，m 是承运人的个数。由此产生 N（$N = 2^{m+1}$）个联盟，如联盟（P）、联盟（T_1）、联盟（T_2）、联盟（$M\&T_1$）、联盟（$M\&T_2$）、联盟（$T_1\&T_2$）、联盟（$M\&T_1\&T_2\&\cdots\&T_m$）及联盟 ϕ（空集）。

图 6-4 是一个带有垂直时间轴的 UML 序列图，演示了客户、第四方物流、制造商和承运人的活动。

第四方物流接收来自客户的产品需求，同时也了解制造商和承运人的内部信息。然后，第四方物流为每个可能的联盟运行相应的模型。因此，在获得了每个合作伙伴的 Shapley 值之后，第四方物流将需要执行的供应链活动计划和相应的收益值发送给合作伙伴。根据第四方物流制订的计划，制造商生产成品并准备交付，承运人将产品运送给客户。之后，客户向第四方物流支付整个服务（包括产品和运输服务），第四方物流再将相应的费用支付给每个合作伙伴。如图 6-4 所示，合作协议实际由以下几个步骤组成：博弈、决策和实施。

（1）博弈：使用客户发送的产品需求以及制造商及各个承运人的内部信息，第四方物流对每个可能的联盟运行相应的模型，从而获得每个联盟（大联盟和所有小联盟）的收益，如图 6-4 中的 3。例如，第四方物流为只有一个合作伙伴的联盟（P）运行 BPP 模型，为大联盟（$P\&T_1\&T_2$）运行 BPP&mT（$P\&T_1\&T_2$）模型，从而得到模型仿真的结果。如果博弈是超加和博弈，第四方物流计算大联盟中每个合作伙伴的 Shapley 值，否则博弈将终止（见图 6-4 中的 4 和 5）。

（2）决策：第四方物流检查博弈的属性——Shapley 值是否在核（Core）中，如图 6-4 中的 4 和 5。如果 Shapley 值在核中，所有的合作伙伴参与大

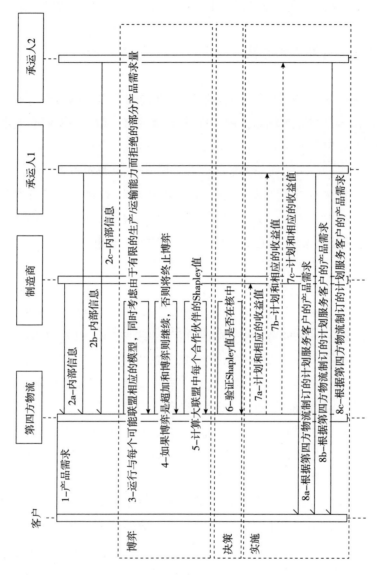

图6-4 合作协议（以一个制造商和两个承运人为例）：UML序列

联盟的合作，制造商和所有承运人都将按照大联盟制订的计划实施供应链活动；如果 Shapley 值不在核中，大联盟的方案则并非最优，大联盟的合作就终止了。

（3）实施：大联盟合作伙伴的计划将在实际活动中执行。如图6-4所示，第四方物流将计划和相应的收益值（即每个合作伙伴的利润）发送给制造商和所有承运人（见图 6-4 中的 7）；制造商和所有承运人则根据第四方物流制订的计划执行供应链活动，对于产品的需求服务客户见图 6-4 中的 8。

合作规划方法的主要步骤与 5.3.2 中介绍的内容类似，在此不再详述。

6.4.2　拒绝客户部分产品需求的情况及相应的补偿金

与同一种类的供应链参与者之间的合作类似，不同种类的供应链参与者合作也可能拒绝客户部分的产品需求数量。值得注意的是这两种合作的区别，不同种类的供应链参与者合作，其合作伙伴不仅包含承运人，还包括一个制造商。同一种类供应链参与者——承运人组成的联盟称为纯承运人联盟。本部分中纯承运人联盟拒绝的交付请求数量与 5.3.3 中描述的完全相同。对于合作伙伴中包含制造商的联盟，即纯制造商联盟和混合联盟（制造商和承运人组成的联盟），拒绝客户部分产品需求的处理方法与 5.3.3 中所描述的类似，包括拒绝数量值的确定及拒绝这部分数量的方式。然而，这里服务的对象是最终客户，因此联盟（包含制造商的联盟）必须因拒绝的订单数量向客户支付赔偿金（记为拒绝订购量的赔偿成本，Discarded Penalty）。对于纯承运人联盟来说，这一类的赔偿支付是不必要的。纯制造商联盟和混合联盟的收益计算过程如图 6-5 所示。请注意，收益应考虑因拒绝客户部分产品需求量而须向客户支付的赔偿金。

如果需要执行图 6-5 虚线框中的过程，则需计算拒绝订购量的赔偿成本值，以更新利润及博弈的收益。

定义 $DC_{p,j}$ 为客户 j 订购的产品 p 的单位拒绝交付量的赔偿成本，用来计算拒绝订购量的赔偿成本，对应 6.1 节中的假设，得到式（6-48）。

$$discarded\ penalty = \sum_p \sum_j DC_{p,j} \times b_{p,j,T_F} \tag{6-48}$$

将第一次模型仿真（BPP 模型或 BPP&mT 模型）中得到的利润值记为 $profit_1$，考虑了拒绝部分订购量的赔偿成本，而更新的利润记为 $profit_2$，得到式（6-48）、式（6-49）。

$$profit_2 = profit_1 - discarded\ penalty \tag{6-49}$$

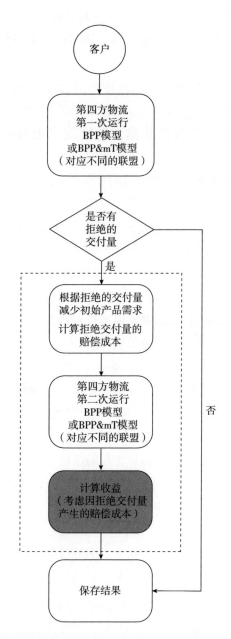

图6-5 合作伙伴中包含制造商的联盟博弈获得收益的过程

$$v(S) = profit_2 \qquad\qquad (6-50)$$

如果不需要执行图 6-5 虚线框中的过程，即没有拒绝的订购量，则博弈的收益是第一次模型仿真中的利润值（$profit_1$）。

6.5　一个制造商与两个承运人的合作实例

为了说明单制造商和多承运人的合作方法，下面演示一个数值算例，其中的合作伙伴包含一个制造商（P）和两个承运人（T_1、T_2）。对于合作伙伴中包含制造商的联盟，诸如联盟 P、联盟 $P\&T_1$、联盟 $P\&T_2$ 及联盟 $P\&T_1\&T_2$，相应的模型（BPP 模型和 BPP&mT 模型）在本章之前的内容中已经介绍了。对于联盟 T_1、联盟 T_2 和联盟 $T_1\&T_2$，其模型（BST 模型）详见 5.2 节。

本部分没有介绍输入参数的值，但这可以在第 7 章中找到。之后按照图 6-4 实现博弈过程。博弈的收益即利润值，以及每个合作伙伴的 Shapley 值如图 6-6 所示。注意，对于合作伙伴是不同种类的供应链参与者的情况，相较于使用成本节约值（Cost Saving），使用利润值作为博弈的收益更加合适。

表 6-1 显示了各联盟所使用的模型，每个联盟的利润值都是运行模型所得到的结果。

表 6-1　各联盟所使用的模型

联盟	运行的模型
P	BPP
T_1	BST-1T
T_2	BST-1T
$T_1\&T_2$	BST-2T
$P\&T_1$	BPP&1T
$P\&T_2$	BPP&1T
$P\&T_1\&T_2$	BPP&2T

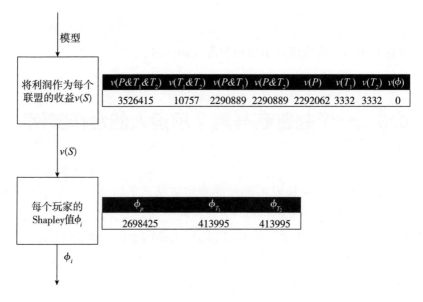

图 6-6　数值算例的结果

当单个制造商（P）构成单合作伙伴联盟时，在所有可能的联盟中存在三种纯承运人联盟——联盟 T_1、联盟 T_2 或联盟 $T_1\&T_2$。我们使用纯承运人联盟在整个规划时间范围内的总负载能力值来估计单个制造商联盟的利润。为了避免给制造商造成过多的库存量，我们使用联盟 T_1、联盟 T_2 或联盟 $T_1\&T_2$ 中最小的总负载能力，来估计制造商的利润。

根据核的定义，本算例中的 Shapley 值（ϕ_P, ϕ_{T_1}, ϕ_{T_2}）在核中，其证明演示如下：

在本例中，Shapley 值 ϕ_i 是核的定义中的收益向量（Payoff Vector）x_i；

对于 ϕ（空集）联盟，显然不等式 $\sum_{i \in S} x_i \geq v(S)$ 为真；

对于合作伙伴是单个制造商的联盟 $\{P\}$，因为 $\phi_P \geq v(P)$，所以 $x_P \geq v(P)$ 为真，如图 6-6 所示。

类似的，如图 6-6 所示，因为 $\phi_{T_1} \geq v(T_1)$，$\phi_{T_2} \geq v(T_2)$，$\phi_P + \phi_{T_1} \geq v(P\&T_1)$，$\phi_P + \phi_{T_2} \geq v(P\&T_2)$，$\phi_{T_1} + \phi_{T_2} \geq v(T_1\&T_2)$，$\phi_P + \phi_{T_1} + \phi_{T_2} \geq v(P\&T_1\&T_2)$，所以对于 $\forall S \subseteq N$，$\sum_{i \in S} x_i \geq v(S)$ 为真。

小　结

本章描述了不同种类供应链参与者的合作博弈实现，从运输的角度考虑了合作规划问题。两级供应链参与者之间的合作涉及制造商和多个承运人。继上一章建立承运人的 BST-mT 模型之后，为了实现制造商和承运人的合作规划，本章建立了制造商的 BPP 模型和混合规划模型（BPP&mT 模型）。

然后，本章将合作协议分博弈、决策和实施三个步骤进行描述。当获得收益值时，需要判断博弈是否具有超加和性。如果博弈具有超加和性，博弈将继续，同时计算 Shapley 值；否则博弈将停止。Shapley 值是否在核中将在博弈的最后一步进行验证。如果 Shapley 值在核中，大联盟（包含所有合作伙伴）的计划将在实际的供应链活动中被执行，从而服务客户的产品需求。

不同种类供应链参与者之间的合作采取了允许拒绝客户部分订购量的原则，是为了合作伙伴可以获得更加合理的收益，因为联盟拒绝了在整个规划时间范围内都无法服务的客户订购量。

下一章将介绍验证合作方法所需的实验输入数据。

第 7 章

07

生产和运输计划问题实例的生成

第 5 章和第 6 章介绍了生产和运输活动的规划模型及合作协议。接下来，我们需要通过数值实验来评估合作方式的价值和实用性。前文定义的模型中参数的组合会影响系统的响应，合作决策受承运人的运输能力、制造商的生产能力，以及库存容量、运输成本等参数值的影响。在进行数值实验之前，本章生成生产和运输计划问题实例，定义参数值。

本章旨在给出用于实验的数据集。主要的任务是基于实际的数据，推导出合理的实验输入参数。表 7-1 回顾了第 5 章和第 6 章建立线性规划模型时所使用的主要参数，同时给出了这些参数的含义。

表 7-1　建立线性规划模型时所使用的主要参数及其含义

客户	
$d_{p,j,t}$	客户的产品需求
制造商	
$CR_{p,j}$	延迟交付赔偿成本
$CE_{p,j}$	提前交付赔偿成本
$Pcap_p$	生产能力
$Icap_p$	产品库存容量
u_p	单位产品需要的生产资源
CS_p	产品库存成本
CP_p	生产成本
$SP_{p,j}$	产品售价
DP_p	生产提前期

续表

承运人	
$EC_{p,j}$	提前运送惩罚成本
$BC_{p,j}$	延迟运送惩罚成本
R_k	自有卡车数量
cap_k	自有卡车载重量
v_P	产品重量
DT_j	运输提前期
D_j	车辆往返时间
$FC_{j,k}$	固定运输成本
$VC_{p,j}$	可变运输成本
$TP_{p,j}$	运输价格
SC	结构成本
$FC\_extra_{j,k}$	使用外包运输资源的固定成本
$VC\_extra_{p,j}$	使用外包运输资源的可变成本
$M\_extra_{j,k,t}$	使用的外包运输资源卡车数量
cap_extra_k	外包运输资源卡车载重量

图 7-1 展示了决策变量，以及它们使用的环境和含义。

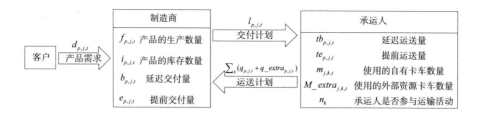

图 7-1　决策变量及其使用的环境和含义

本章内容如下：7.1 节介绍适用于整个合作环境的通用参数，7.2 节介绍承运人相关的数据，7.3 节介绍制造商相关的数据。

7.1　通用数据

在描述用于实验模型的主要数据之前，我们先介绍客户、产品和车辆的情况，以及其主要特征。本书的研究中实验情况的详细描述将在本章的其余部分介绍。

（1）客户特征（Customer's Characteristics）。

为了保证合理的验证研究问题的各种情况，我们考虑了两个客户，他们各自有特定的地理位置和产品需求。一些与客户活动相关的参数（诸如需求、位置、产品售价等）在实验数据集的展示（见表 7-1）中给出。

（2）产品特征（Product Characteristics）。

我们考虑将两种产品进行试验，如表 7-2 所示。重量（Weight）是产品的特征，用于验证交付产品量与卡车载重之间的平衡。

表 7-2　每种产品的重量

产品	重量
产品 1	5kg（0.0050 吨）
产品 2	1.5kg（0.0015 吨）

（3）车辆特征（Vehicle Characteristics）。

货物的长途运输只能使用重型卡车。重型卡车的总载重界定为 40t（见表 7-3）。我们使用这一数值来定义本实验中的卡车载重量（Truck Capacity）。

表 7-3　卡车载重量

卡车载重量
40t（40000kg）

7.2　运输数据

在生成符合实际供应链活动的数据集时，首先要考虑的是正确估计运输成本。为了实现这一目标，本章关于数据的推导基于以下几点：

（1）全部的运输成本可分为两部分：固定部分和可变部分。固定部分与处理客户（这里指承运人的客户，可以是制造商）服务请求而产生的管理成本有关；可变部分直接与车辆的行程有关。

（2）运输成本的可变部分的计算根据法国国家公路委员会（French Road National Committee，CNR）提供的信息进行推导。

（3）如有必要，每个承运人都可以租用外部运输资源以提供给客户最佳服务。

7.2.1　运输成本的可变部分

可变运输成本的全貌如图 7-2 所示，展示了从实际数据（原始数据）开始到得到可变运输成本值的推导过程，然后计算出合理的单位运输价格。

我们必须先定义运输成本的主要部分，确定了三个主要成本：人员成本（Staff Cost）、里程相关成本（Mileage Term）和按天计算的成本（Daily Term）。其数值可按以下原则计算：由工资（Wage）和相关费用（Charges）以及出行费用（Travel Expenses）估计"每小时的人员成本"（Staff Cost／Hour），可按式（7-1）计算。

$$人员成本 = 工资 + 相关费用 + 出行费用 \tag{7-1}$$

表 7-4 描述了用于估计该参数的数值。

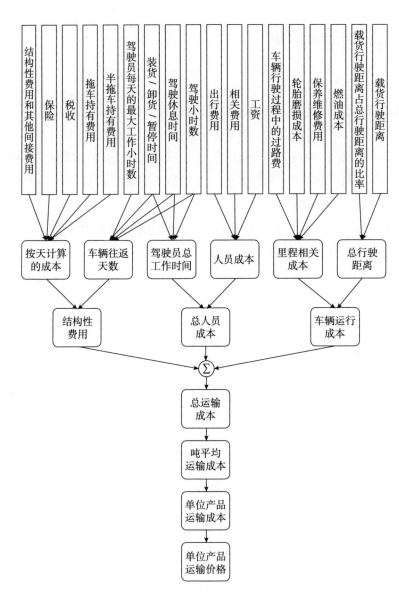

图 7-2　可变运输成本的全貌

表 7-4 人员相关成本 单位：（€/小时）

相关成本	相关成本值
工资	13. 13
相关费用	4. 11
出行费用（平均）	1. 80
人员成本	19. 04

里程相关成本包括任何与车辆运行有关的成本，其定义如式（7-2）所示，包含车辆运行的实际费用（Kilometer Fee Charge）与车辆行驶过程中的过路费（Toll Cost）两部分。

里程相关成本=车辆运行的实际费用+车辆行驶过程中的过路费

$$(7-2)$$

其中，"车辆运行的实际费用"具体定义如式（7-3）所示。

车辆运行的实际费用=燃油成本+轮胎磨损成本+保养维修费用

$$(7-3)$$

燃油成本（Fuel Cost）、轮胎磨损成本（Tyre Wear）和保养维修费用（Maintenance & Repairs）的估计值是根据 CNR 的原始数据推导出来的。表 7-5 总结了评估"里程相关成本"所需的数值。

表 7-5 里程相关成本及其涉及的原始数据 单位：（€/小时）

里程相关成本	车辆运行的实际费用	燃油成本	0. 322	0. 453	0. 540
		轮胎磨损成本	0. 044		
		保养维修费用	0. 087		
	车辆行驶过程中的过路费		0. 087		

按天计算的成本值的确定，涉及对拖车和半拖车的持有费用（Trailer Ownership & Semitrailer Ownership）以及与之相关的任何费用［保险（Insurance）、税收（Taxes）］、结构性费用（Structural Charges）和其他间接费用（Others Indirect Charges）的估计。按天计算的成本"Daily Term"是以上成本的加和。这些数值如表 7-6 所示。

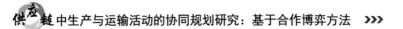

表7-6 按天计算的成本 单位：€

按天计算的成本	总运营成本/天	拖车的持有费用／天	45.41	72.34	155.69
		半拖车的持有费用／天	12.21		
		保险／天	12.48		
		税收／天	2.24		
	结构性费用和其他间接费用／天			83.35	

在本书的研究数据集中，我们假设订单由两个客户发送，分别与发货人相距548千米和974千米。假设一辆卡车在从站点出发到返回同一地点的整个路线中不计货物的装卸时间，我们将运输至客户1和客户2的车辆载货行驶距离占总行驶距离的比率（Percentage）分别设定为65%和70%。根据交通状况，假设交付至客户1的卡车平均速度是62km/h，交付至客户2的卡车平均速度是68km/h，如表7-7所示。

表7-7 车辆（Vehicle）信息

	交付至客户1的车辆信息	交付至客户2的车辆信息
平均速度（km/h）	62	68
载货行驶距离（km）	548	974
卡车载重量（t）	40	40
载货行驶距离占总行驶距离的比率（%）	65	70

首先定义关于承运人的两个不同时间：

（1）运输提前期（Transportation Lead Time），如式（7-4）所示，指从发货人到最终客户所花费的时间。

$$运输提前期 = \frac{\dfrac{载货行驶距离}{平均速度}}{每天的工作小时数}（天） \qquad (7-4)$$

（2）车辆往返所需时间，即车辆从离开站点，到服务托运人和最终客户，并返回站点的时间，也称为车辆的占用时间。处理货物时间（Handling Time）包括卡车的装货、卸货和暂停所花费的时间。驾驶休息时间（Driv-

ing Breaktime）是在一定的驾驶时间后法定的强制休息时间。车辆往返时间
（Roundtrip Duration）的计算如式（7-5）所示。

$$车辆往返时间 = \frac{处理货物时间 + 总驾驶休息时间 + 总驾驶时间}{每天的工作小时数}（天）$$

（7-5）

其中，"总驾驶休息时间"的定义如式（7-6）所示。

$$总驾驶休息时间 = \frac{驾驶小时数}{4.5} \times 驾驶休息时间（h）$$（7-6）

事实上，法律规定要求司机在连续驾驶 4.5 小时后，停车休息 45 分钟。

对运输至每个客户的往返时间的估计如表 7-8 所示。所有这些值应四
舍五入为最接近的整数。

表 7-8　交付至每个客户的往返时间

车辆往返时间估计		
	交付至客户 1	交付至客户 2
总行驶距离（km）	843.08	1391.43
驾驶小时数（h）	13.6	20.46
装货、卸货、暂停时间（h）	2	2
单次驾驶休息时间（h）	0.75	0.75
驾驶员每天的最大工作小时数（h）	9	9
往返途中驾驶员的总工作时间（h）	17.85	26.21
运输提前期（天）	1	2
车辆往返天数（天）	2	3

车辆的总行驶距离（Total Travelled Distance）定义如式（7-7）所示。

$$总行驶距离 = \frac{载货行驶距离}{载货行驶距离占总行驶距离的比率}$$（7-7）

驾驶时间（Number of Driving Hours）的计算如式（7-8）所示。

$$驾驶时间 = \frac{总行驶距离}{平均速度}$$（7-8）

接下来应该确定每吨的运输成本和运输价格。第一步是确定由车辆行
驶距离（Travelled Distance）、工作时数（Working Hours）与向每个客户提

供的运输服务有关的结构性费用（Structural Charges）所产生的成本总和。车辆运行成本（Total Vehicle Running Cost）如式（7-9）所示，总人员成本（Total Personnel Cost）如式（7-10）所示，结构性费用（Total Structural Charge）如式（7-11）所示。

$$车辆运行成本 = 里程相关成本 \times 总行驶距离 \quad (7-9)$$

$$总人员成本 = 人员成本/小时 \times 往返途中驾驶员的总工作时间 \quad (7-10)$$

$$结构性费用 = 按天计算的成本/天 \times 车辆往返天数 \quad (7-11)$$

以上三个公式的相关数值如表7-9所示。

表7-9　交付至每个客户的运输成本估计　　　　　单位：€

成本 ＼ 客户	客户1	客户2
车辆运行成本	451.05	744.41
总人员成本	339.83	499.08
结构性费用	311.38	467.07
总成本	1102.25	1710.56

第二步是评估每吨货物的平均运输成本。在这部分计算中，我们假设运输至客户1和客户2的卡车填充率分别为83%和94%。每吨货物的平均运输成本的计算如式（7-12）所示，数值估计如表7-10所示。

$$吨平均运输成本 = 总成本/(卡车填充率 \times 卡车载重量) \quad (7-12)$$

表7-10　交付至每个客户的每吨货物的平均运输成本

	客户1	客户2
卡车填充率（%）	83	94
卡车载重量（t）	33.20	37.60
吨平均运输成本（€）	33.20	45.49

根据以上计算，我们可以推导出运输至每个客户的单位产品运输成本

（Transportation Cost/Unit），如式（7-13）所示，交付至每个客户的单位产品运输成本数值估计如表 7-11 所示。

$$单位产品运输成本=吨平均运输成本×产品重量 \qquad (7-13)$$

表 7-11　交付至每个客户的单位产品运输成本　　　　单位：€

产品 ＼ 客户	客户 1	客户 2
产品 1	0.166	0.227
产品 2	0.050	0.068

第三步可根据单位产品运输成本以及与每个客户相关的增幅（Margin），推导出单位产品的运输价格（Transportation Price/Unit），计算如式（7-14）所示，数值估计如表 7-12 所示。

$$单位产品运输价格=单位产品运输成本×(1+收益增幅) \qquad (7-14)$$

表 7-12　每个客户的单位产品运输价格　　　　单位：€

产品 ＼ 客户	客户 1	客户 2
产品 1	0.235	0.320
产品 2	0.070	0.096

7.2.2　运输成本的固定部分

这部分成本与任何客户请求服务的管理费用有关，包括所有由材料、计算设备、税收和工资费用产生的成本。这个成本是以车辆为单位定义的，并假设其值取决于特定的客户。相关数值如表 7-13 所示。

表 7-13　运输成本的固定部分　　　　　　　　　单位：€

客户 / 成本	每辆卡车的固定运输成本
客户 1	120
客户 2	150

7.2.3　外包运输成本

有时，提供运输服务的承运人可能没有足够的能力满足其客户的全部运输需求。在这种情况下，我们假设每个承运人可以与其他运输服务提供商合作，以提升其服务能力。部分运输任务外包会增加前文所述的运输成本。我们称使用外包运输资源所产生的运输成本为外包运输成本（Extra Transportation Costs），其值比使用自由运输资源的成本高出 50%。外包运输成本的可变部分如表 7-14 所示，固定部分如表 7-15 所示。

表 7-14　运输至每个客户的外包运输成本——可变部分　　　　单位：€

产品 / 客户	客户 1	客户 2
产品 1	0.249	0.341
产品 2	0.075	0.102

表 7-15　运输至每个客户的外包运输成本——固定部分　　　　单位：€

使用外包资源时每辆卡车的固定运输成本	
客户 1	180
客户 2	225

7.2.4　提前或延迟运输的惩罚成本

承运人服务其客户的运输能力有限。如果运输需求量太大，他们就不能按约定的时间运送所有的订单，因此可能提前或延迟运输。在这种情况下，承运人必须向其客户（可以是制造商）支付罚金，如表 7-16 所示。

表 7-16　运输至每个客户的相关产品的提前和延迟运送惩罚成本

单位：€

	提前运送惩罚成本		延迟运送惩罚成本	
	客户 1	客户 2	客户 1	客户 2
产品 1	0.024	0.032	0.047	0.064
产品 2	0.007	0.010	0.014	0.019

单位产品的提前运送惩罚成本按单位运输价格的 10% 计算，延迟运送的惩罚成本定为提前运送惩罚成本的两倍。

7.2.5　拒绝的运输量

在承运人的运输能力非常有限的情况下，其客户请求的交付数量无法在规划的时间范围内运输。如第 5 章所述，我们假设在规划时间范围内无法运输的数量将被拒绝，基于这样的假设：如果承运人没有足够的运输能力进行有效的交付，那么他将不接受客户的部分交付请求。

因此，承运人无须支付这种情况下拒绝运输数量的罚金。但如果承运人拒绝部分交付请求量，这将导致制造商需支付给最终客户的罚款（将在下文中详述）。

7.3　生产数据

关于制造商的数据集定义是相对随机的。为了使参数值之间存在一定的逻辑关系，我们仍然须对许多参数进行计算。本部分将描述确定这些参数值的过程。

7.3.1 生产成本

估计生产成本值，一是应该确定原材料的采购价格（Raw Materials Purchasing Price），如表7-17所示，假设产品1和产品2的生产增值（加工费用）分别为55%和70%，则生产成本（Production Cost）如表7-17所示。

表 7-17　生产成本

	产品 1	产品 2
生产单位产品所需的原材料的采购价格（€）	16.97	11.53
生产增值（%）	55	70
生产成本（不考虑原材料的库存成本）（€）	26.30	19.60

二是需要确定仓储成本。设定每种类型产品每天的平均库存（Average Stock Per Day）为：产品1——15994（件），产品2——30850（件），这些数值是根据客户需求推算的，如表7-18所示。

表 7-18　每天的平均库存　　　　　　单位：件

	产品 1	产品 2
天平均库存量	15994	30850

根据式（7-15）计算出每天的存货的价值如表7-19所示。

天平均库存价值=天平均库存量×生产单位产品所需的原材料的采购价格

$$(7-15)$$

表 7-19　天平均库存价值　　　　　　单位：€

	产品 1	产品 2
天平均库存价值	271418.18	355700.50

每天每单位产品的平均库存成本可以按如下方式推导：定义产品1和产品2的库存持有率分别为12%和15%，可以按式（7-16）估计出每天的平

均库存成本（Average Inventory Costs），如表 7-20 所示；之后按式（7-17）估计每单位产品的平均库存成本（Average Inventory Costs Per Product），如表 7-21 所示。

$$天平均库存成本=天平均库存价值×（1+库存持有率）\qquad（7-16）$$

表 7-20　每天的平均库存成本　　　　　　单位：€

	产品 1	产品 2
天平均库存成本	32570.18	53355.08

$$单位产品的天平均库存成本=\frac{天平均库存成本}{天平均库存量}\qquad（7-17）$$

表 7-21　每单位产品的天平均库存成本　　　　　　单位：€

	产品 1	产品 2
单位产品的天平均库存成本	2.04	1.73

三是实验设定规划周期内需要订购两次原材料，以保持生产原材料的库存水平。每次订购原材料的补货成本（Replenishment Cost Per Order）是 330 欧元。单位产品的原材料补充成本（Ordering Cost/Product）可由式（7-18）推导得到，数值如表 7-22 所示。

$$单位产品的原材料补充成本=\frac{每次订购原材料的补货成本×订购次数}{天平均库存量}$$

$$（7-18）$$

表 7-22　单位产品的原材料补充成本

	产品 1	产品 2
每次订购原材料的补货成本（€）	330	330
规划周期内的订购次数（次）	2	2
规划周期内的原材料补充成本（€）	660	660
单位产品的原材料补充成本（€）	0.04	0.02

综上，单位产品的总生产成本（The Total Production Cost / Product）按式（7-19）计算，数值如表 7-23 所示。

$$单位产品的总生产成本=生产成本+单位产品的天平均库存成本+$$
$$单位产品的原材料补充成本 \qquad (7-19)$$

表 7-23　单位产品的总生产成本　　　　　单位：€

	产品 1	产品 2
单位产品的总生产成本	28.38	21.35

7.3.2　产品售价

产品售价是由总生产成本以及制造商期望的利润率（Argin）推导出来的。考虑利润率取决于与每个客户的谈判，表 7-24 显示了每个客户的产品利润率及每种产品的销售价格。

表 7-24　单位产品售价和每个客户的产品利润率

	产品 1		产品 2	
	利润率（%）	销售价格（€）	利润率（%）	销售价格（€）
客户 1	11	31.50	11	23.70
客户 2	21	34.34	21	25.84

7.3.3　客户需求

客户的需求（Demand）是随机产生的。为了满足一些要求的特征，我们假设：

（1）产品 1 的需求在两个客户之间相对平衡，客户 2 要求的产品 2 的数量比客户 1 要求的产品 2 的数量多，如表 7-25 所示。

表 7-25　客户需求

时段	客户 1 的产品需求				
	产品 1		产品 2		总重量（吨）
	数量	重量（吨）	数量	重量（吨）	
1	—	—	—	—	—
2	—	—	—	—	—
3	6500	32.50	11000	16.50	49.00
4	7500	37.50	12000	18.00	55.50
5	8500	42.50	11000	16.50	59.00
6	6500	32.50	13000	19.50	52.00
7	8500	42.50	13000	19.50	62.00
8	8950	44.75	10800	16.20	60.95
9	10000	50.00	14000	21.00	71.00
10	8500	42.50	18000	27.00	69.50
总量	64950	324.75	102800	154.20	478.95

时段	客户 2 的产品需求				
	产品 1		产品 2		总重量（吨）
	数量	重量（吨）	数量	重量（吨）	
1	—	—	—	—	—
2	—	—	—	—	—
3	7500	37.50	20000	30.00	67.50
4	6500	32.50	21000	31.50	64.00
5	8500	42.50	17000	25.50	68.00
6	10000	50.00	20000	30.00	80.00
7	8500	42.50	15000	22.50	65.00
8	6000	30.00	12000	18.00	48.00
9	7500	37.50	20000	30.00	67.50
10	8500	42.50	19000	28.50	71.00
总量	63000	315.00	144000	216.00	531.00

（2）设定单位产品 1 的重量为 5kg，单位产品 2 的重量为 1.5kg，以及一辆卡车的载重量限制为 40t，每天向每个客户交付的产品总重量不超过两辆卡车的载重量。例如，客户 1 在时段 7 的订单所引起的负载为 62t，那么

需要 62/40＝1.55≈2 辆卡车才能交付所有订购的产品，如图 7-3 所示。

客户1							
总重量（吨）	卡车数量	往返途中占用的卡车数量				时段	占用的卡车总数
—	—					1	—
—	—	2				2	2
49.00	2	2	2			3	4
55.50	2		2	2		4	4
59.00	2			2	2	5	4
52.00	2			2	2	6	4
62.00	2				2	2	7	4
60.95	2				2	2	8	4
71.00	2					2	2	9	4
69.50	2					2	10	2

478.95

客户2							
总重量（吨）	卡车数量	往返途中占用的卡车数量				时段	占用的卡车总数
—	—	2				1	2
—	—	2	2			2	4
67.50	2	2	2	2		3	6
64.00	2		2	2	2	4	6
68.00	2			2	2	2	5	6
80.00	2				2	2	2	6	6
65.00	2				2	2	2	7	6
48.00	2					2	2	2	8	6
67.50	2					2	2	9	4
71.00	2					2	10	2

531.00

各时段占用卡车的最大数量

10

图 7-3　每个时段使用的卡车数量

（3）根据发货人与客户之间的距离，运输至每个客户的往返时间不同，每个周期使用的卡车数量可在图 7-3 找到，服务所有客户的所有产品需求量所需的卡车数量的最大值为 10 辆。如图 7-3 所示，时段 3 至时段 8 的六个时段运送全部货物需要 10 辆卡车。

（4）由于生产提前期和运输提前期，客户 1 的产品需求从时段 3 开始。否则，制造商没有足够的时间生产准确的需求数量产品，并在客户要求的准确时间交付。事实上，如果一定数量的产品必须在时段 2 交付，考虑到生产提前期（见 7.3.4 节内容）和客户 1 的运输提前期各一个时段，那么生产活动应该在时段 0（表示规划时间范围之前的时刻）进行。

（5）同样地，前两个时段没有显示客户 2 的产品需求。然而，生产提前期需要一个时段，客户 2 的运输提前期需要两个时段，共计三个时段，因此，需要在时段 3 交付给客户 2 的产品数量仍然必须在时段 0 生产。因此，设定制造商的初始库存：产品 1 的初始库存为 7500 件，产品 2 的初始库存为 20000 件。

7.3.4　生产提前期、生产能力和作业时间

本书的研究关注策略层决策，所以生产提前期的设定考虑本书的研究范畴。用于计量离散时间是天，即一个时段为一天。即使实际的生产提前期小于一天，我们也将生产提前期约等于一天，即一个时段。

关于生产能力，法律规定每天的工作时间（Working Time）为 8h。生产能力用秒表示，适应于高速的生产。生产能力的计算如式（7-20）所示。

$$每天的生产能力 = 每天的工时数 \times 3600s \qquad (7\text{-}20)$$

单位产品的作业时间（Operating Time）是由每天生产的数量来推导的。设定单位产品的作业时间值，对应一天内可以生产产品量的最小值（Min）、平均值（Mean）和最大值（Max）。先计算每种产品的总需求（Demand）——最小值、平均值、最大值，并由此按式（7-21）推导出单位产品的作业时间，如图 7-4 所示。

$$单位产品的作业时间 = 每天的生产能力 / 总需求 \qquad (7\text{-}21)$$

通过给单位产品的作业时间设定三种可能的值（最小值、平均值、最大值），我们可以仿真各种生产情况。平均值对应的生产情况是，即使在某些时段，生产的产品量可能低于客户的需求，制造商有足够的生产能力满足客户的所有需求。作业时间的最大值意味着生产系统不但没有足够的能力满足规划时间范围内的全部客户需求，而且在每个时段都无法满足客户的产品需求。作业时间的最小值则表示制造商有足够的生产能力满足客户在任何时段的全部产品需求。

| 时段 | 产品1的需求量 | | | | 总数量 | 总重量（吨） |
| | 客户1 | | 客户2 | | | |
	数量	重量（吨）	数量	重量（吨）		
1	—	—	—	—	—	—
2	—	—	—	—	—	—
3	6500	32.50	7500	37.50	14000	70.00
4	7500	37.50	6500	32.50	14000	70.00
5	8500	42.50	8500	42.50	17000	85.00
6	6500	32.50	10000	50.00	16500	82.50
7	8500	42.50	8500	42.50	17000	85.00
8	8950	44.75	6000	30.00	14950	74.75
9	10000	50.00	7500	37.50	17500	87.50
10	8500	42.50	8500	42.50	17000	85.00
总量	64950	324.75	63000	315.00	127950	639.75

产品1的总需求数量
最小值　14000 单位
平均值　15994 单位
最大值　17500 单位

单位产品1的作业时间
最小值　1.646 秒
平均值　1.801 秒
最大值　2.057 秒

| 时段 | 产品2的需求量 | | | | 总数量 | 总重量（吨） |
| | 客户1 | | 客户2 | | | |
	数量	重量（吨）	数量	重量（吨）		
1	—	—	—	—	—	—
2	—	—	—	—	—	—
3	11000	16.50	20000	30.00	31000	46.50
4	12000	18.00	21000	31.50	33000	49.50
5	11000	16.50	17000	25.50	28000	42.00
6	13000	19.50	20000	30.00	33000	49.50
7	13000	19.50	15000	22.50	28000	42.00
8	10800	16.20	12000	18.00	22800	34.20
9	14000	21.00	20000	30.00	34000	51.00
10	18000	27.00	19000	28.50	37000	55.50
总量	102800	154.20	144000	216.00	246800	370.20

产品2的总需求数量
最小值　22800 单位
平均值　30850 单位
最大值　37000 单位

单位产品2的作业时间
最小值　0.778 秒
平均值　0.934 秒
最大值　1.263 秒

图7-4　单位产品的作业时间

除此之外，在下一章进行实验的某些情况下，我们需要在"最大值"和"平均值"之间增加一个作业时间值。我们将"（Max+Mean）/2"设置为这个增加的作业时间值，以模拟在某些时段制造商可能有足够的产能满足相应时段的客户需求，但在整个规划时间范围内没有生产能力不足，如表7-26所示。

表7-26　单位产品作业时间的中间值　　　　　单位：s

产品	（Max+Mean）/2
产品1	1.929
产品2	1.098

7.3.5　产品库存容量

成品库存容量（Inventory Capacity）是为每种产品随机设定的，如表 7-27 所示。

表 7-27　成品库存容量　　　　　单位：件

产品	成品库存容量
产品 1	71830
产品 2	42894

7.3.6　延迟交货和提前交货的赔偿费用

由于制造商的生产能力或承运人的运输能力限制，或者基于最佳收益的考虑，会产生部分提前或延迟交付。当考虑合作伙伴的最佳收益时，可能会比较提前交付赔偿金与库存成本，以及卡车的装载率等情况。在提前或延迟交付的情况下，制造商必须向最终客户支付一些赔偿金来补偿延迟交付或提前交付给客户带来的损失。这些赔偿金是根据销售价格的百分比计算的，如表 7-28 所示。

表 7-28　延迟交付或提前交付赔偿金

客户	单位延迟交付赔偿金			
	产品 1		产品 2	
	销售价格百分比（%）	成本（€）	销售价格百分比（%）	成本（€）
客户 1	10	3.150	5	1.185
客户 2	15	5.151	10	2.584

续表

单位提前交付赔偿金				
客户	产品1		产品2	
	销售价格百分比（%）	成本（€）	销售价格百分比（%）	成本（€）
客户1	5	1.575	2	0.474
客户2	3	1.030	3	0.775

7.3.7 拒绝客户部分需求时的补偿费用

如果制造商的产能不足，或承运人的运输能力不足，在规划时间范围内就不能满足客户的全部产品需求。无法在规划时间内交付客户订购的部分数量，制造商则需拒绝客户的部分产品需求。同时，制造商必须向客户支付与拒绝数量相应的赔偿金。将拒绝交付的单位产品赔偿金（Unit Discarded Penalty）定为销售价格的20%。表7-29是针对每个客户的拒绝交付单位产品的赔偿金。

表7-29 拒绝交付的单位产品赔偿金　　　　　单位：€

客户 ＼ 产品	产品1	产品2
客户1	6.300	4.740
客户2	6.868	5.168

小　结

本章介绍了验证合作方法的实验研究需要的输入参数及其逻辑关系，生成了生产和运输计划问题实例。

实验数据主要分为三部分：适用于整个合作环境的通用参数、承运人的相关参数值和制造商的相关参数值。承运人的相关参数值是根据从CNR获得的实际信息进行推导计算获得。制造商的参数值确定较为随机，但为了使参数值之间存在一定的逻辑性，仍然对许多参数进行了计算。

第 8 章

多个承运人的
合作实验

本章将通过数值实验来评估第 5 章中多个承运人的规划模型及合作协议，基于博弈论设计并实施数值实验来评估合作解决方案的性能。

本章选取三个承运人作为实验对象，验证同级供应链参与者的合作效果。基础的实验参数已在第 7 章中介绍，本章的实验设计将确定影响合作决策和供应链性能的主要参数，其中主要考虑运输能力和运输成本的变化。

假设作为博弈合作伙伴的三个承运人具有相似的特征，从而评估同一种供应链参与者之间的合作。本章基于第 7 章给出的参数值，变化输入参数的值以模拟不同的合作场景，验证 BST_mT 模型，以及评价第 5 章 5.3 节中提出的合作协议的响应。

根据第 5 章提出的合作协议，第四方物流从制造商那里收到交付请求，然后将交付任务分配给三个承运人，分别记为 T_1、T_2、T_3。第四方物流扮演供应链中的一个中介角色。三个承运人的运输能力及运输成本并不相同。以下实验关注大联盟的合作绩效，来验证参与合作是否对每个合作伙伴都有价值。本章实验采用 BST-mT 模型，对每个联盟——包括大联盟和所有小联盟，应用相应的 BST-mT 模型。例如，BST-2T 模型适用于包含两个承运人的小联盟。

8.1 实验设计

第 7 章给出的实验参数值中的大部分都是常数。然而，为了使用不同的实验输入模拟不同的实际情况，说明输入参数对大联盟合作绩效的影响，因此在每次实验中选择一些参数进行变化。其中，主要变化两个参数，以模拟不同的承运人合作，即每个承运人的运输能力和运输成本。

关于每个承运人的运输能力，我们主要关注两点，即是否有外部运输资源可以使用和每个承运人自身拥有的卡车数量。可用的外部运输资源数量用参数 $M\_extra_{j,k,t}$ 表示。注意，本章研究两种情况：①特定的承运人可以在各个时段内使用无限数量的外部运输资源（在实验中用 $M\_extra_{j,k,t} = 100$ 表示）；②承运人没有使用外部运输资源的可能性（由参数 $M\_extra_{j,k,t} = 0$ 表示）。承运人 k 拥有的卡车数量用参数 R_k 表示。提示一下，在没有外部运输资源可用的情况下，如果承运人 k 需要独自完成全部交付请求，且在每个时段都以正确的数量运送，那么至少需要拥有 10 辆卡车（$R_k = 10$）。对于 R_k 的变化，选取 2、3、4 和 6 四个参数值。这些值分别表示在没有外部运输资源的情况下，单个承运人的运输能力不足以服务于全部交付请求的情况，并且程度不同。例如，$R_k = 2$ 表示承运人 k 的运输能力严重不足，$R_k = 6$ 表示承运人 k 的运输能力中度不足。

关于运输成本，我们考虑它可能因为承运人的不同而变化，所以采用成本比率来描述这种变化。成本比率（Cost Ratio）表示两个承运人的固定运输成本（$FC_{j,k}$）之间的比例关系。本章实验研究三个承运人，将承运人 T_1 的固定成本值（$FC_{j,1}$）作为固定成本的标准值，从而选取两个成本比率 $\dfrac{FC_{j,2}}{FC_{j,1}}$ 和 $\dfrac{FC_{j,3}}{FC_{j,1}}$，并为每个成本比率设定相应的数值，如表 8-1 所示。例如，$\dfrac{FC_{j,2}}{FC_{j,1}} = 0.9$ 表示承运人 T_2 的固定运输成本为承运人 T_1 的 90%。

注意，在可以使用外部运输资源的情况下，使用外部运输资源卡车所产生的运输成本是使用承运人自有卡车成本的 1.5 倍，即 $FC\_extra_{j,k} = 1.5 \times FC_{j,k}$，$\forall j \in J$，$\forall k \in K$。

表 8-1 展示了不同情况下的每个承运人的固定运输成本。在表 8-1 中，我们可以根据比率由灰色格子中的数值推出白色格子中的数值，包括由承运人 T_1 的固定运输成本值推算其他承运人的固定运输成本值，以及由自有卡车的固定运输成本 $FC_{j,k}$ 的值推出外部运输资源的固定运输成本

$FC\_extra_{j,k}$ 的值。

表 8-1 不同情况下每个承运人的固定运输成本 单位：€

固定成本		$\dfrac{FC_{j,2}}{FC_{j,1}}=1$，$\dfrac{FC_{j,3}}{FC_{j,1}}=1$		$\dfrac{FC_{j,2}}{FC_{j,1}}=0.9$，$\dfrac{FC_{j,3}}{FC_{j,1}}=0.8$	
		客户 1 ($j=1$)	客户 2 ($j=2$)	客户 1 ($j=1$)	客户 2 ($j=2$)
$FC_{j,k}$	$k=1$	120	150	120	150
	$k=2$	120	150	108	135
	$k=3$	120	150	96	120
$FC\_extra_{j,k}$	$k=1$	180	225	180	225
	$k=2$	180	225	162	202
	$k=3$	180	225	144	180

图 8-1 以承运人 T_1 服务各个客户为例，展示了使用承运人自有运输资源和外部运输资源的固定成本比较。

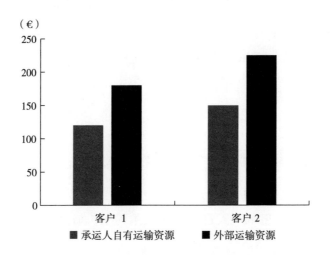

图 8-1 使用承运人自有运输资源和外部运输资源的固定成本比较

图 8-2 展示了当 $\dfrac{FC_{j,2}}{FC_{j,1}}=0.9$ 且 $\dfrac{FC_{j,3}}{FC_{j,1}}=0.8$ 时，使用不同承运人（T_1、

T_2、T_3）的自有运输资源服务每个客户的固定成本比较。

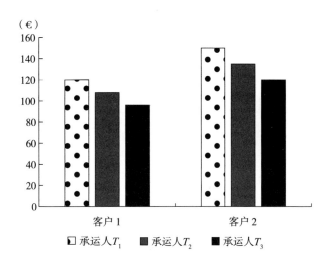

图 8-2　使用不同承运人自有运输资源的固定成本

三个承运人合作的实验输入参数矩阵如表 8-2 所示（Num. 代表实验序号）。该参数矩阵考虑了运输成本平衡的情况（$FC_{j,1} = FC_{j,2} = FC_{j,3}$）及运输成本不平衡的情况（$FC_{j,1} \neq FC_{j,2} \neq FC_{j,3}$）。这是一组特定的实验矩阵，不是一个包括所有可能实验的完整实验矩阵。

表 8-2　三个承运人合作的实验参数矩阵

Num.	运输能力				成本比率	
	$M\_extra_{j,k,t}$	R_1	R_2	R_3	$\dfrac{FC_{j,2}}{FC_{j,1}}$	$\dfrac{FC_{j,3}}{FC_{j,1}}$
1	No（0）	4	4	4	1.0	1.0
2	Yes（100）	3	3	3	1.0	1.0
3	No（0）	3	4	2	1.0	1.0
4	No（0）	4	4	2	1.0	1.0
5	No（0）	4	4	4	0.9	0.8
6	Yes（100）	3	3	3	0.9	0.8
7	No（0）	3	4	2	0.9	0.8
8	No（0）	4	4	2	0.9	0.8
9	No（0）	6	4	2	0.9	0.8

图 8-3 展示了以上输入参数矩阵中每组实验所有承运人的自有运输能力情况。在每个时段以正确的数量完成全部交付请求需要使用 10 辆卡车，因此从给定的参数矩阵设置来看，每个承运人单独的自有运输能力都不足，若与其他承运人合作，或使用外部运输资源，才能向其客户提供最佳的服务。如果三个承运人合作，实验 Num. 1、Num. 4、Num. 5、Num. 9 和 Num. 9 的大联盟自有运输能力足以在每个时段正确地完成交付请求。注意，Num. 2 和 Num. 6 中承运人的外部运输资源可用，其余各组实验中承运人的外部运输资源均不可用。

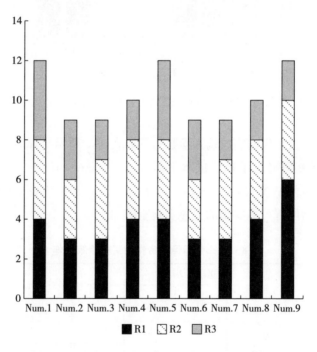

图 8-3　每组实验所有承运人的累计自有运输能力

目前，所有的输入参数值都已经确实，那么使用这些值作为输入的实验结果将在下部分得出，同时下部分将展示不同输入参数值对合作的影响。

8.2　实验结果及分析

根据第 5 章描述的合作方法主要步骤，获得各联盟的收益（payoff，$v(S)$）值是合作过程的开始。在本章实验中，将节省的成本值（Cost Saving）作为各联盟的收益，是因为这样更容易观察到合作的好处。事实上，当供应链参与者决定在一个联盟内进行合作时，节省本身就体现了成本上的缩减。每个联盟 S 的节省成本值可以用全部单个合作伙伴的成本之和与整个联盟的成本之差来计算，即 $v(S) = \sum_{i \in S} c(\{i\}) - c(S)$。$c(S)$ 表示联盟 S 的总成本，计算公式为 $c(S) = cost\_T + penalty\_T + extra\_cost\_T + structure\_cost$。这里提示一下，$cost\_T$、$penalty\_T$、$extra\_cost\_T$ 和 $structure\_cost$ 是相应的 BST_mT 模型目标函数的一部分。实际上，通过对包含 m 个合作伙伴的联盟 S 运行相应的 BST_mT 模型即可得到它们的结果。

在此要介绍一下本书的实验实施环境：

（1）进行模型仿真时，为 BST_mT 模型的目标函数—— max（$\alpha \times profit\_T - \beta \times service\_T$）选择以下两个可能值的组合：$\alpha = 0.01$、$\beta = 1$。事实上，通过多次运行该模型并观察结果，可知"$profit\_T$"和"$service\_T$"的值具有不同的数量级，两者大约相差 100 倍。因此，选择这个 α、β 值的组合旨在平衡目标函数中两部分的权重。

（2）选择 GLPK 求解器作为本书模型仿真的实验工具，因为它专用于求解线性规划，界面友好，易于操作，且对客户免费。

（3）为了在有限的时间内解出线性规划模型的结果，将为所有联盟设置求解时间上限为 30 分钟。

表 8-2 中输入参数矩阵中每个实验对应的每个联盟的总成本如表 8-3 所示。如果博弈中有三个玩家（承运人），则有八种可能的联盟组合：联盟（T_1）、联盟（T_2）、联盟（T_3）、联盟（$T_1 \& T_2$）、联盟（$T_1 \& T_3$）、联盟（$T_2 \& T_3$）、联盟（$T_1 \& T_2 \& T_3$）和 ϕ（空集）联盟。通过运行模拟各联盟相

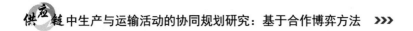

应规划过程的 BST_mT 模型，可以得到各联盟的总成本。在表 8-3 中，没有底纹的格子显示的结果表示承运人联盟可以满足所有的交付请求；有底纹的格子显示的结果表示由于承运人联盟的运输能力限制，一些交付请求被拒绝，如第 5 章 5.3 节中描述所示。

表 8-3　每个联盟的总成本　　　　单位：€

Num.	总成本							
	$c(T_1\&T_2\&T_3)$	$c(T_1\&T_2)$	$c(T_1\&T_3)$	$c(T_2\&T_3)$	$c(T_1)$	$c(T_2)$	$c(T_3)$	$c(\phi)$
1	44548	45618	45618	45618	27016	27016	27016	0
2	45381	49992	49992	49992	57276	57276	57276	0
3	44519	45000	34635	40922	22596	27016	17014	0
4	44548	45618	40922	40922	27016	27016	17014	0
5	44017	45414	45210	45048	27016	26830	26644	0
6	44946	50115	49776	49562	57276	56703	56130	0
7	44126	44796	34419	40532	22596	26830	16816	0
8	44149	45414	40706	40532	27016	26830	16816	0
9	44179	44288	45402	40532	40872	26830	16816	0

图 8-4 展示了每组实验中各联盟的总成本比较。可以明显观察到，实验 Num.2 和 Num.6 的单承运人联盟的成本明显高出其他组，原因是这两组实验中外部运输资源可用，而单个承运人运输能力明显不足，因此单个承运人会使用外部运输资源以满足交付需求。但使用外部运输资源的成本较高，所以运输成本也就明显增加了。

为了理解各联盟的成本背后的原因，各联盟的拒绝运送数量如表 8-4 所示。

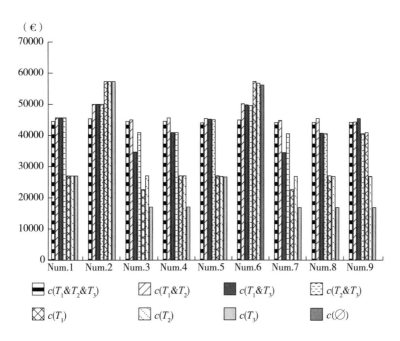

图 8-4 每组实验中各联盟的总成本比较

表 8-4 各联盟的拒绝运送数量 单位：件

Num.	拒绝运送量						
	$T_1 \& T_2 \& T_3$	$T_1 \& T_2$	$T_1 \& T_3$	$T_2 \& T_3$	T_1	T_2	T_3
1	0	290	290	290	89991	89991	89991
2	0	0	0	0	0	0	0
3	0	12990	60490	36990	117724	89991	196719
4	0	290	36990	36990	89991	89991	196719
5	0	290	290	290	89991	89991	89991
6	0	0	0	0	0	0	0
7	0	12990	60490	36990	117724	89991	196719
8	0	290	36990	36990	89991	89991	196719
9	0	0	290	36990	36990	89991	196719

对于实验 Num. 2 和 Num. 6，每个联盟的拒绝运送数量为 0，因为每个联盟都有外部运输资源可用，因此能满足交付请求。在这两组实验对应的大联盟中，联盟的自有运输能力足够在整个规划时间范围内响应全部的交

付请求量。在实验 Num. 3 中，由于联盟 $\{T_3\}$ 只有两辆卡车，而联盟 $\{T_1\}$ 有三辆卡车，联盟 $\{T_2\}$ 有四辆卡车，因此，联盟 $\{T_3\}$ 拒绝了 196719 件的产品运输，比联盟 $\{T_1\}$ 和联盟 $\{T_2\}$ 的拒绝运输数量要多。从逻辑上来说，当没有外部运输资源可用，而自有的运输资源又不足以满足配送请求时，自有的卡车数量越多，拒绝的运送数量就会越少。

图 8-5 展示了每组实验中各联盟的拒绝运送数量比较。

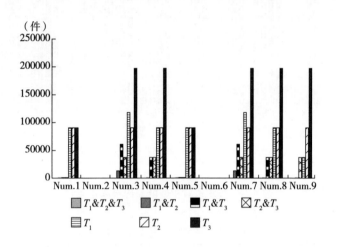

图 8-5　每组实验中各联盟的拒绝运送数量

为了更确切地观察实验结果，表 8-5 列出了每组实验的各联盟中每个合作伙伴的运送量。需要配送给所有客户的所有产品的交付请求总量为 374750，这个数量是联盟中所有合作伙伴的目标交付数量（不一定可以全部送达）。在此，比较实验 Num. 1 和 Num. 5 在某一方面的结果——大联盟 $\{T_1\&T_2\&T_3\}$ 中每个合作伙伴的运送量。在这两组实验中，每个合作伙伴（T_1、T_2、T_3）各拥有四辆自有卡车，都没有外部运输资源可用，但这两组实验的自有卡车运输成本设置不同。在实验 Num. 1 中，$\dfrac{FC_{j,2}}{FC_{j,1}}=1$ 且 $\dfrac{FC_{j,3}}{FC_{j,1}}=1$，因此在联盟 $T_1\&T_2\&T_3$ 中交付请求通过 GLPK 求解器被随机分配。在实验 5 中，$\dfrac{FC_{j,2}}{FC_{j,1}}=0.9$ 且 $\dfrac{FC_{j,3}}{FC_{j,1}}=0.8$，因此 T_3 的运输成本最低，T_2

的运输成本高于 T_3，而 T_1 的运输成本最高。回顾一下，BST_mT 模型的目标函数 $[\max(\alpha \times profit\_T - \beta \times service\_T)]$ 包含利润导向的部分，因此 T_3 在大联盟中被优先使用以满足交付请求。当 T_3 使用了其全部的运输能力也不足以响应交付请求时，则使用成本较高的 T_2 来参与运输任务的完成。如果同时使用 T_3 和 T_2 仍然不足以响应全部的交付请求，则只能同时使用 T_1 来完成部分的运输任务。表 8-5 中有一些空格，是因为对应的合作伙伴不在特定的联盟中。例如，合作伙伴 T_2 不在联盟 $\{T_1 \& T_3\}$ 中，那么对于联盟 $T_1 \& T_3$、T_2 的交付量是不存在的。

表 8-5　各联盟中每个合作伙伴的运送量　　　　单位：件

Num.	联盟	运送量						
		$T_1 \& T_2 \& T_3$	$T_1 \& T_2$	$T_1 \& T_3$	$T_2 \& T_3$	T_1	T_2	T_3
1	T_1	140300	185400	185400		284759		
	T_2	121000	189060		185400		284759	
	T_3	113450		189060	189060			284759
	Total	374750	374460	374460	374460	284759	284759	284759
2	T_1	140469	163606	163606		374750		
	T_2	109750	211144		163606		374750	
	T_3	124531		211144	211144			374750
	Total	374750	374750	374750	374750	374750	374750	374750
3	T_1	124134	177300	187322		257026		
	T_2	168866	184460		199466		284759	
	T_3	81750		126938	138294			178031
	Total	374750	361760	314260	337760	257026	284759	178031
4	T_1	131200	185400	199466		284759		
	T_2	157850	189060		199466		284759	
	T_3	85700		138294	138294			178031
	Total	374750	374460	337760	337760	284759	284759	178031
5	T_1	75500	173900	163400		284759		
	T_2	123400	200560		179700		284759	
	T_3	175850		211060	194760			284759
	Total	374750	374460	374460	374460	284759	284759	284759

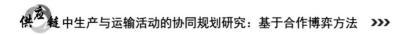

续表

Num.	联盟	运送量						
		T_1&T_2&T_3	T_1&T_2	T_1&T_3	T_2&T_3	T_1	T_2	T_3
6	T_1	109600	211921	182093		374750		
	T_2	129750	162829		192281		374750	
	T_3	135400		192657	182469			374750
	Total	374750	374750	374750	374750	374750	374750	374750
7	T_1	91250	154800	183838		257026		
	T_2	159200	206960		212000		284759	
	T_3	124300		130422	125760			178031
	Total	374750	361760	314260	337760	257026	284759	178031
8	T_1	113300	173900	228600		284759		
	T_2	165450	200560		212000		284759	
	T_3	96000		109160	125760			178031
	Total	374750	374460	337760	337760	284759	284759	178031
9	T_1	111500	185000	256500		337760		
	T_2	156500	189750		212000		284759	
	T_3	106750		117960	125760			178031
	Total	374750	374750	374460	337760	337760	284759	178031

对于实验 Num.1 至 Num.9，每个联盟中每个合作伙伴的运送量及联盟的总运送量如图 8-6~图 8-14 所示。

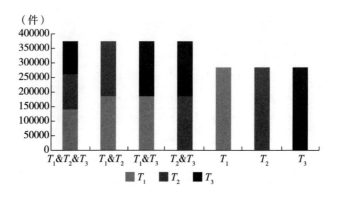

图 8-6 实验 Num.1 各联盟中每个合作伙伴的运送量

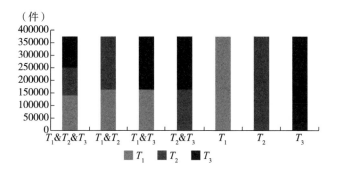

图 8-7　实验 Num. 2 各联盟中每个合作伙伴的运送量

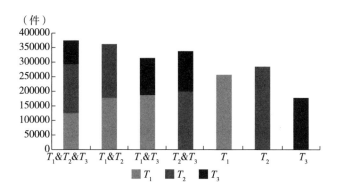

图 8-8　实验 Num. 3 各联盟中每个合作伙伴的运送量

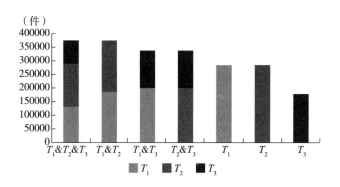

图 8-9　实验 Num. 4 各联盟中每个合作伙伴的运送量

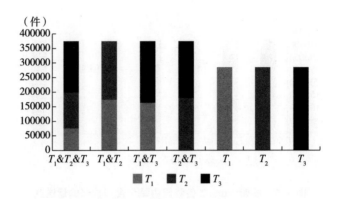

图 8-10　实验 **Num. 5** 各联盟中每个合作伙伴的运送量

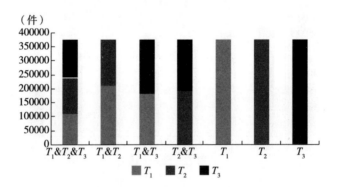

图 8-11　实验 **Num. 6** 各联盟中每个合作伙伴的运送量

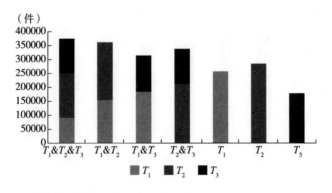

图 8-12　实验 **Num. 7** 各联盟中每个合作伙伴的运送量

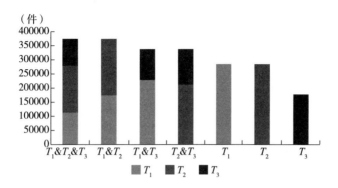

图 8-13　实验 Num. 8 各联盟中每个合作伙伴的运送量

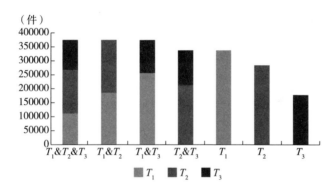

图 8-14　实验 Num. 9 各联盟中每个合作伙伴的运送量

现在可以分别计算每个联盟的收益—成本节省。例如，大联盟的收益为：$v(T_1\&T_2\&T_3)=c(T_1)+c(T_2)+c(T_3)-c(T_1\&T_2\&T_3)$，则只有一个承运人组成联盟的收益为：以联盟 $\{T_1\}$ 为例，$v(T_1)=c(T_1)-c(T_1)=0$，说明在这种特定情况下（供应链参与者不与其他参与者合作）是没有成本节省的。

表 8-6 展示了实验 Num. 1～Num. 9 的博弈中每个联盟的收益，这个收益代表了因加入联盟而得以节约的联盟总成本。

表 8-6　每个联盟的收益—成本节省　　　　　　　单位：€

Num.	收益—成本节省值							
	$v(T_1\&T_2\&T_3)$	$v(T_1\&T_2)$	$v(T_1\&T_3)$	$v(T_2\&T_3)$	$v(T_1)$	$v(T_2)$	$v(T_3)$	$v(\phi)$
	$c(T_1)+c(T_2)+c(T_3)-c(T_1\&T_2\&T_3)$	$c(T_1)+c(T_2)-c(T_1\&T_2)$	$c(T_1)+c(T_3)-c(T_1\&T_3)$	$c(T_2)+c(T_3)-c(T_2\&T_3)$	0	0	0	0
1	36500	8414	8414	8414	0	0	0	0
2	126449	64561	64561	64561	0	0	0	0
3	22107	4612	4975	3108	0	0	0	0
4	26498	8414	3108	3108	0	0	0	0
5	36473	8432	8450	8425	0	0	0	0
6	125164	63865	63631	63272	0	0	0	0
7	22116	4630	4993	3113	0	0	0	0
8	26513	8432	3126	3114	0	0	0	0
9	40339	23414	12286	3114	0	0	0	0

　　图 8-15 直观地展示了每组实验中各联盟的收益比较，可以看出，在各组实验中，大联盟的收益都是最大的，而且明显高于各小联盟。

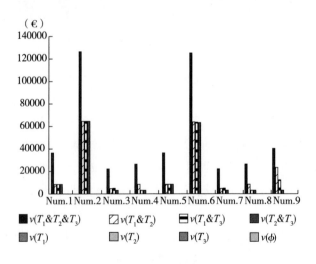

图 8-15　每组实验中各联盟的收益

　　在这一步中，必须验证每组实验（Num. 1、Num. 2、…、Num. 9）中的博弈是否为超加和博弈，以确定这些博弈是否可以继续进行，如第 5 章 5.3 节中所描述的协议。如果可以验证合作博弈成功，那么大联盟 $\{T_1$，T_2，$T_3\}$ 的计划将在实际的运输活动中实施，该计划由联盟 $\{T_1$，T_2，$T_3\}$ 所对应的 BST_3T 模型生成。

所有这些实验中的博弈都是超加和博弈，因此这些博弈可以继续进行。应注意，这个结论是基于第 4 章 4.3 节中对超加和博弈的定义而得出的。按照 5.3 节中所述合作规划方法的主要步骤，这一步应该计算博弈中每个合作伙伴的 Shapley 值。根据第 4 章 4.3 节中的 Shapley 值计算公式，实验输入参数矩阵中每个博弈的每个合作伙伴的 Shapley 值如表 8-7 所示。

表 8-7　博弈中每个合作伙伴的 Shapley 值

Num.＼Shapley 值	ϕ_{T_1}	ϕ_{T_2}	ϕ_{T_3}
1	12167	12167	12167
2	42150	42150	42150
3	7931	6997	7179
4	9717	9717	7064
5	12163	12151	12160
6	41880	41700	41584
7	7938	6998	7180
8	9726	9720	7067
9	18358	13772	8208

表 8-7 中 Shapley 值的含义为各合作伙伴参与大联盟合作时节省的成本。图 8-16 直观地显示了每组实验的博弈中每个合作伙伴的 Shapley 值，其累计值为大联盟合作节省的总成本，即大联盟的收益。

要判断大联盟是否稳定、大联盟的合作是否为最佳的合作方式，必须考察 Shapley 值是否在核中的特性。根据第 4 章 4.3 节对核的定义，可以判断表 8-2 实验参数矩阵中每组博弈的 Shapley 值是否在核中。对于每组博弈（Num. 1、Num. 2、…、Num. 9），表 8-7 所示的 Shapley 值（ϕ_{T_1}、ϕ_{T_2}、ϕ_{T_3}）都在核中。因此，大联盟是稳定的，参与大联盟的合作是节约成本的

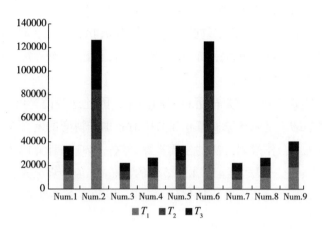

图 8-16　每组实验中每个合作伙伴的 Shapley 值

最佳方法。

以下以实验 Num. 1 为例来验证博弈的 Shapley 值是否在核中：在实验 Num. 1 中，将第 4 章 4.3 节所述核的定义中的收益向量 x_i 代入 Shapley 值 ϕ_i 进行计算。

（1）对于 ϕ，显然不等式 $\sum_{i \in S} x_i \geqslant v(S)$ 为真。

（2）对于 $\{T_1\}$，不等式 $x_{T_1} \geqslant v(T_1)$ 为真，因为 $12167 \geqslant 0$，所以 $\phi_{T_1} \geqslant v(T_1)$。

（3）类似地，存在 $\phi_{T_2} \geqslant v(T_2)$，$\phi_{T_3} \geqslant v(T_3)$，$\phi_{T_1} + \phi_{T_2} = 12167 + 12167 \geqslant v(T_1 \& T_2) = 8414$，$\phi_{T_1} + \phi_{T_3} = 12167 + 12167 \geqslant v(T_1 \& T_3) = 8414$，$\phi_{T_2} + \phi_{T_3} = 12167 + 12167 \geqslant v(T_2 \& T_3) = 8414$，以及 $\phi_{T_1} + \phi_{T_2} + \phi_{T_3} = 12167 + 12167 + 12167 \geqslant v(T_1 \& T_2 \& T_3) = 36500$，因此对于 $\forall S \subseteq N$，$\sum_{i \in S} x_i \geqslant v(S)$ 为真。因此，这组 Shapley 值在核中。

正如前面提到的，用于计算 Shapley 值的收益是成本节省值。因此，Shapley 值是大联盟中每个合作伙伴节省的成本。大联盟中每个合作伙伴的最终成本 $[fc(T_1)、fc(T_2)、fc(T_3)]$ 可以通过计算每个合作伙伴不参与合作时的成本 $[c(T_1)、c(T_2)、c(T_3)]$ 与其 Shapley 值（ϕ_{T_1}、ϕ_{T_2}、ϕ_{T_3}）之差获得，即 $fc(T_i) = c(T_i) - \phi_{T_i}(i = 1, 2, 3)$。表 8-2 中每组博弈的每个合作伙伴的最终成本如表 8-8 所示。

表 8-8 中 $fc(T_i)$ 和 $c(T_i)$ 之间的差额，具体如图 8-17 所示。每组博弈的最终成本之和显示在表 8-8 的最后一列，它完全等于大联盟的成本——$c(T_1\&T_2\&T_3)$。这种一致性可以说明参与大联盟对合作伙伴的作用。大联盟中每个合作伙伴的最终成本累计（Total fc）如图 8-18 所示。

表 8-8 大联盟中每个合作伙伴的最终成本　　　　　　单位：€

Num.	$fc(T_1)$	$c(T_1)$	$fc(T_2)$	$c(T_2)$	$fc(T_3)$	$c(T_3)$	Total fc
1	14849	27016	14849	27016	14849	27016	44547
2	15127	57276	15127	57276	15127	57276	45381
3	14665	22596	20019	27016	9835	17014	44519
4	17299	27016	17299	27016	9950	17014	44548
5	14853	27016	14679	26830	14484	26644	44016
6	15396	57276	15003	56703	14547	56130	44946
7	14658	22596	19832	26830	9636	16816	44126
8	17290	27016	17110	26830	9749	16816	44149
9	22514	40872	13058	26830	8608	16816	44180

在上述实验中，所有博弈都是超可加博弈，因此所有博弈都可以进行。每组 Shapley 值都被验证符合 4.3 节中核的定义，因此确认每组博弈中的 Shapley 值都在核中。因此，大联盟 $\{T_1, T_2, T_3\}$ 的计划将在实际的运输活动中实施，这个计划是由大联盟 $\{T_1, T_2, T_3\}$ 对应的 BST_3T 模型生成的。表 8-8 中的最终成本总和（"Total fc"）一列的值正好等于表 8-3 中的"$c(T_1\&T_2\&T_3)$"一列的值，说明每个合作伙伴的最终成本是大联盟总成本的一种分配，即 Imputation（见第 4 章）。比较表 8-8 中 $fc(T_i)$（$i=1$、2、3）和 $c(T_i)$（$i=1$、2、3）的值，如图 8-17 所示，我们可以看出在每组实验中都有 $fc(T_i) < c(T_i)$（$i=1$、2、3），代表参与大联盟合作的好处。在此应注意，由于承运人联盟可以拒绝部分的交付请求量，所有联盟拒绝的交付请求量并不相同（见表 8-4）。

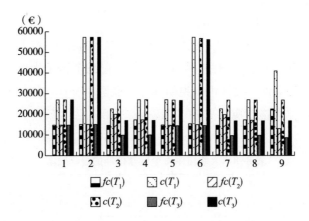

图 8-17　合作伙伴的最终成本与其不参与合作时的成本比较

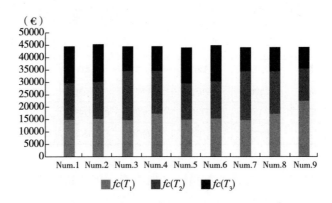

图 8-18　大联盟中每个合作伙伴的最终成本累计

小　结

　　本章验证了第 5 章中提出的合作方案，设计了同级供应链参与者合作的数值实验。对于同一种供应链参与者的合作，选择三个承运人作为合作伙伴来评估合作规划方法。

　　在三个承运人的合作中，本章选择成本节省值作为收益。结果表明，每组实验中的博弈都是超加和博弈，且每组博弈中的 Shapley 值都在核中，因此大联盟是稳定的，可以认为参与大联盟是最佳的合作方式。因而，在实际的运输活动中执行大联盟的计划，从节省的成本值来看，参与大联盟的合作对每个合作伙伴都是有益处的。

第 9 章

单制造商与多承运人的合作实验

本章通过数值实验评估第 6 章中两级供应链参与者的合作方案，基于博弈论设计并执行实验来评估合作协议的绩效。

本章选取一个制造商和两个承运人为实验对象，研究异质玩家之间的合作博弈，验证两级供应链参与者的合作效果。本章将使用第 7 章中定义的输入参数的值，并且在本章的实验设计中确定影响合作决策和供应链绩效的参数，其中主要考虑生产能力和运输能力的设定。

本章应用第 5 章和第 6 章中提出的 BPP 模型、BPP&mT 模型及 BST_mT 模型，基于第 7 章的参数值，变化输入参数的值以模拟不同的合作场景，以评价第 6 章中提出的合作协议响应。

根据第 6 章提出的合作协议，第四方物流接收客户的产品需求。其中，第四方物流的角色是供应链中的一个中介。第四方物流将生产任务分配给制造商（P），将运输任务分配给两个承运人（T_1、T_2）。本章研究的目的是确定每个合作伙伴是否对合作有兴趣，即大联盟是否能给每个合作伙伴带来额外的好处。以下实验采用 BPP 模型、BST-mT 模型和 BPP&mT 模型。对于制造商，采用 BPP 模型；对于"纯"承运人联盟（T_1、T_2、T_1&T_2），采用 BST-mT 模型；对于混合联盟（P&T_1、P&T_2、P&T_1&T_2），采用 BPP&mT 模型。例如，BPP&2T 适用于大联盟（一个制造商和两个承运人）。

9.1　实验设计

本节用一个特定的实验输入参数矩阵来评估第 6 章中的合作方法，选择制造商的生产时间和承运人的自有运输能力来加以变化。这里选择三个输入参数来构建实验输入参数矩阵，如表 9-1 所示。

表 9-1　一个制造商和两个承运人合作的实验输入参数矩阵

Num.	u	R_1	R_2
1	Mean	6	7
2	Mean	6	5
3	Mean	4	7
4	Mean	4	5
5	(Max+Mean)/2	6	7
6	(Max+Mean)/2	6	5
7	(Max+Mean)/2	4	7
8	(Max+Mean)/2	4	5

注：①u：生产一单位产品所需的生产时间；②R_1：承运人 1 拥有的卡车数量，代表承运人 1 的运输能力；③R_2：承运人 2 拥有的货车数量，代表承运人 2 的运输能力。

从承运人的角度来看，该实验输入参数矩阵对应两种情况，对承运人与制造商的合作有一定影响。

在这里用下述符号描述这些情况：C_{T_i} 表示每个承运人 k（$k=1$、2）在整个规划时间范围内的运输能力，即可以运输产品的总数量；$d_{p,j,t}$ 表示客户的产品需求，已在第 6 章中定义。这两种情况如下：

（1）$C_{T_k} < \sum_p \sum_j \sum_t d_{p,j,t}$，$\forall i \in \{1, 2\}$，$\sum_k C_{T_k} \geqslant \sum_p \sum_j \sum_t d_{p,j,t}$

实验 Num. 1、Num. 2、Num. 3、Num. 5、Num. 6、Num. 7。

在这种情况下，任何一个承运人都无法独自满足客户在整个规划时间范围内的产品交付需求，但联盟中所有承运人的总运输能力足以满足客户在整个规划时间范围内的产品交付需求。

(2) $\sum_k C_{T_k} < \sum_p \sum_j \sum_t d_{p,j,t}$

实验 Num. 4 和 Num. 8。

在这种情况下，联盟中所有承运人的总运输能力都无法满足客户在整个规划时间范围内的产品交付需求。

在这里需要说明，满足客户在整个规划时间范围内的产品交付需求，且在每个时段都以正确的数量交付，需要至少 10 辆卡车。每组实验中承运人的运输能力累计如图 9-1 所示。

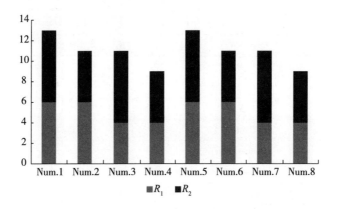

图 9-1　每组实验中承运人的运输能力累计

9.2　实验结果及分析

本节考虑两种不同的情况：第一种情况，所有承运人都可以使用无限的外部运输资源；第二种情况，任何一个承运人都没有可以使用的外部运输资源。因为"利润"综合的信息更多（包括收入和成本），所以这两种情况都选择各联盟的利润作为收益。

9.2.1　实验情况 1——承运人拥有无限的外部运输资源

在本部分中，所有承运人都可以使用无限的外部运输资源。

表 9-2 展示了实验结果——表 9-1 所示实验输入参数的利润。在表 9-2 中，没有底纹的"利润"格子代表该结果没有拒绝的服务产品数量，有底纹的"利润"格子代表该结果有拒绝的服务产品数量。

表 9-2　收益——各联盟的利润

Num.		收益——利润							
		$v(P\&T_1\&T_2)$	$v(T_1\&T_2)$	$v(P\&T_1)$	$v(P\&T_2)$	$v(P)$	$v(T_1)$	$v(T_2)$	$v(\phi)$
1	利润（€）	2039272	11889	2033940	2035900	2027383	6557	8517	0
	产品量（件）	374750	374750	374750	374750	374750	374750	374750	0
2	利润（€）	2039272	11889	2033940	2031764	2027383	6557	4381	0
	产品量（件）	374750	374750	374750	374750	374750	374750	374750	0
3	利润（€）	2039272	11889	2029275	2035900	2027383	1892	8517	0
	产品量（件）	374750	374750	374750	374750	374750	374750	374750	0
4	利润（€）	2038545	11015	2029275	2031764	2027383	1892	4381	0
	产品量（件）	374750	374750	374750	374750	374750	374750	374750	0
5	利润（€）	1746005	11596	1741282	1743268	1734409	6873	8859	0
	产品量（件）	356580	356580	356580	356580	356580	356580	356580	0
6	利润（€）	1746005	11596	1741282	1739041	1734409	6873	4632	0
	产品量（件）	356580	356580	356580	356580	356580	356580	356580	0
7	利润（€）	1746005	11596	1736551	1743268	1734409	2142	8859	0
	产品量（件）	356580	356580	356580	356580	356580	356580	356580	0
8	利润（€）	1745683	11274	1736551	1739041	1734409	2142	4632	0
	产品量（件）	356580	356580	356580	356580	356580	356580	356580	0

图 9-2 展示了每组实验中各联盟服务的产品数量。注意，在纯制造商联盟（不含承运人的联盟）中，服务的产品数量是生产的产品数量；而在纯承运人联盟（不含制造商的联盟）中，服务的产品数量是运送的产品数量；在混合联盟（包含制造商和承运人的联盟）中，服务的产品数量是指

生产并交付的产品数量。因为实验 Num. 5、Num. 6、Num. 7、Num. 8 对生产时间的设置为"（Max+Mean)/2"，表示生产能力不足，所以这几组实验中联盟 $P\&T_1\&T_2$、联盟 $P\&T_1$、联盟 $P\&T_2$ 和联盟 P 有一些拒绝的服务量，详见第 7 章。

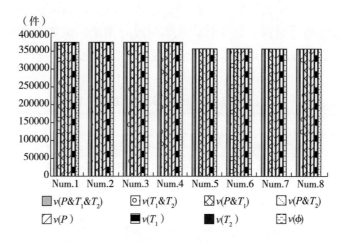

图 9-2　每组实验中各联盟服务的产品数量

实验 Num. 1、Num. 2、Num. 3、Num. 4 中大联盟的利润比实验 Num. 5、Num. 6、Num. 7、Num. 8 中大联盟的利润值高，如图 9-3 所示。这是生产能力的限制导致的部分拒绝交付量，实际交付量小于客户的产品需求，从而影响了利润值。实验 Num. 4 中大联盟的利润比实验 Num. 1、Num. 2、Num. 3 中大联盟的利润值略低，且实验 Num. 8 中大联盟的利润比实验 Num. 5、Num. 6、Num. 7 中大联盟的利润值略低，这是由于运输能力限制导致的延迟交付或提前交付惩罚成本从而引起的利润值降低。从图 9-3 可清晰地看出，包含制造商的联盟利润与纯承运人联盟的利润有非常明显的差距，这是因为制造商的利润主要来自从原材料到产品的增值，而承运人的利润来自运输任务。

比较实验 Num. 1 和 Num. 5 中的 $v(T_1)$，实验 Num. 5 的 $v(T_1)$ 利润值（6873）比实验 Num. 1 的 $v(T_1)$ 利润值（6557）高。这与运送数量相反，实验 Num. 1 的运送数量（374750）比实验 Num. 5 的运送数量（356580）多。在实验 Num. 1 和 Num. 5 中，承运人 1 都有 6 辆自有卡车及外部运输资

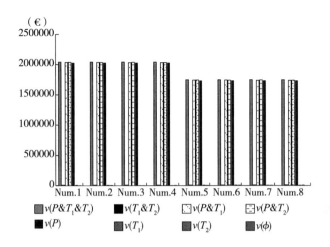

图 9-3　每组实验中各联盟的利润

源可用。但运送数量为"374750"的产品需要 10 辆卡车才能在正确的时段交付正确数量的产品，因此需要租用外部运输资源卡车。这样，运送数量越多，使用的外部运输资源就越多。由于使用外部运输资源的成本比使用自有卡车的成本高，因此实验 Num. 5 的 $v(T_1)$ 利润值高于实验 Num. 1。

这一步必须确定每组合作博弈（实验 Num. 1、Num. 2、…、Num. 8）是否可以继续，即验证博弈的超加和性质，如第 6 章中描述的合作协议。如果合作博弈成功进行下去，大联盟 $\{P,\ T_1,\ T_2\}$ 的计划有可能在实际的生产和运输活动中执行，这个计划是由大联盟 $\{P,\ T_1,\ T_2\}$ 对应的 BPP&2T 模型产生的。

实验 Num. 2、Num. 3、Num. 4、Num. 6、Num. 7、Num. 8 中的博弈是超加和博弈，如表 9-3 所示，因此，这些可以继续进行。实验 Num. 1 和 Num. 5 中的博弈不是超加和博弈。

表 9-3　每组实验中的博弈是否为超加和博弈

Num.	超加和博弈
1	否
2	是

Num.	超加和博弈
3	是
4	是
5	否
6	是
7	是
8	是

实验 Num. 1，根据第 4 章中的超加和博弈的定义，验证了这个博弈不是超加和博弈，计算如表 9-4 所示。在表 9-4 中，$v(S \cup M) \geqslant v(S) + v(M)$ 并不总为真，因此实验 Num. 1 中的博弈不是超加和博弈。

表 9-4　实验 Num. 1 中博弈的超加和性质验证

S	M	$v(S \cup M)$	$v(S)$	$v(M)$	$v(S)+v(M)$	$v(S \cup M) \geqslant v(S)+v(M)$
$\{P\}$	$\{T_1, T_2\}$	2039272	2027383	11889	2039272	真
$\{T_1\}$	$\{P, T_2\}$	2039272	6557	2035900	2042457	假
$\{T_2\}$	$\{P, T_1\}$	2039272	8517	2033940	2042457	假
$\{P\}$	$\{T_1\}$	2033940	2027383	6557	2033940	真
$\{P\}$	$\{T_2\}$	2035900	2027383	8517	2035900	真
$\{T_1\}$	$\{T_2\}$	11889	6557	8517	15074	假

实验 Num. 1 中，承运人 1 拥有 6 辆自有卡车，承运人 2 拥有 7 辆自有卡车，共计 13 辆自有卡车。但是 10 辆卡车就可以完全满足第 7 章中客户产品需求的交付，并且在每个时段都可以交付正确的数量，因此两个承运人的 13 辆卡车与此相较就过多了（超出 30%）。同时，对于单个的承运人而言，六七辆卡车的运输能力并不是极度不足，外部运输资源可以补偿这部分不足。分给其他承运人的部分交付量与外部运输资源的较高成本相比，对于考虑利润的承运人而言，承担全部的交付任务且同时使用部分外部运输资源更加有利。这时的承运人更偏好独立参与供应链活动而非合作。因此，实验 1 中的博弈不是超加和博弈。

按照第 6 章中合作方案的主要步骤，这一步应该计算超加和博弈的 Shapley 值。根据第 4 章中 Shapley 值的定义，计算结果如表 9-5 所示。

表 9-5 超加和博弈的 Shapley 值

Num.	Shapley 值		
	ϕ_P	ϕ_{T_1}	ϕ_{T_2}
2	2027383	7032	4856
3	2027383	2632	9257
4	2027432	4312	6801
6	1734409	6918	4677
7	1734409	2439	9157
8	1734409	4392	6882

图 9-4 显示了具有超加和博弈的各合作伙伴的 Shapley 值，其累计值为大联盟的收益。Shapley 值代表了每个合作伙伴在大联盟中的收益分配。

从图 9-5 可以看出大联盟中每个合作伙伴的 Shapley 值占联盟收益的比例，明显在各组实验中，且制造商的 Shapley 值占很大比例，这是因为制造商对大联盟收益的贡献是最多的。从表 9-2 可以观察到，所有包含制造商的小联盟的收益与纯承运人联盟的收益相差几个数量级。

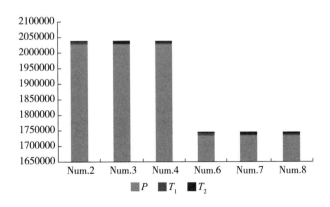

图 9-4 超加和博弈的各合作伙伴的 Shapley 值

获得超加和博弈的每个合作伙伴的 Shapley 值后，按照第 6 章的合作协议，需要检查这些 Shapley 值是否在核中。如果 Shapley 在核中，那么大联

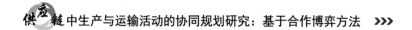

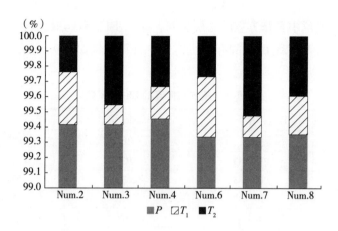

图 9-5 大联盟中各个合作伙伴的 Shapley 值占联盟收益的比例

盟就是稳定的，即合作伙伴更偏好参与大联盟的合作。

根据第 4 章中核的定义，具有超加和性质的博弈被检查其 Shapley 值是否在核中。实验 Num. 2、Num. 3、Num. 4、Num. 6、Num. 7、Num. 8 的 Shapley 值 ϕ_P、ϕ_{T_1}、ϕ_{T_2}（见表 9-5）在核中，如表 9-6 所示。因此，这些合作博弈中的大联盟是稳定的。

但是，根据本书基于 Shapley 值的合作原则，在实验 Num. 1 和 Num. 5 中，合作伙伴更偏好单独参与供应链活动而不与其他参与者合作。这是因为这两组实验中的博弈不是超加和博弈，所以其 Shapley 值不在核中。

表 9-6 每组实验中的 Shapley 值是否在核中

Num.	Shapley 值在核中
1	否
2	是
3	是
4	是
5	否
6	是
7	是
8	是

回顾这些实验的输入参数，可以发现在实验 Num. 1 和 Num. 5 中，同时包含承运人 1 和承运人 2 的联盟共有 13（6+7）辆卡车。由于 10 辆卡车足以满足所有客户的全部产品交付需求，我们认为当承运人的卡车数量小于或等于 10 辆的一半（即 10/2=5 辆）时，单个承运人的运输能力明显不足。在实验 Num. 1 和 Num. 5 中，单个承运人的运输能力不足并不明显，总运输能力却远远大于交付需求，因此博弈的玩家对大联盟的合作没有兴趣。

对于其余各组实验，总运输能力要么略高于交付需求（Num. 2、Num. 3、Num. 6、Num. 7），要么低于交付需求（Num. 4、Num. 8）。在这几组实验的博弈中，大联盟中至少有一个承运人的运输能力明显不足，因此可以解释这种情况下的大联盟对合作伙伴是有利的。

表 9-7 展示了实验 Num. 2、Num. 3、Num. 4、Num. 6、Num. 7、Num. 8 中，大联盟的每个合作伙伴的利润值（Shapley 值）与其不参与合作时的利润值之差（见图 9-6）。这个表格还显示了利润的相对增长情况，更直观的如图 9-7 所示。$\phi_i \geq v(i)$，$i=P, T_1, T_2$ 表示大联盟中合作伙伴的利润值大于等于非合作的情况。

表 9-7　利润对比

Num.	$\phi_P - v(P)$	$\phi_{T_1} - v(T_1)$	$\phi_{T_2} - v(T_2)$	$\dfrac{\phi_P - v(P)}{v(P)}$	$\dfrac{\phi_{T_1} - v(T_1)}{v(T_1)}$（%）	$\dfrac{\phi_{T_2} - v(T_2)}{v(T_2)}$（%）
2	0	475	475	0	7.2	10.8
3	0	740	740	0	39.1	8.7
4	49	2420	2420	~0	127.9	55.2
6	0	45	45	0	0.7	1.0
7	0	297	297	0	13.9	3.4
8	0	2250	2250	0	105.1	48.6

从图 9-6 可以得出以下结论：承运人比制造商更有兴趣进行参与合作；对于制造商来说，仅在实验 Num. 4 中观察到合作的些许益处。回顾实验 Num. 4 的输入参数：制造商的生产能力刚好满足服务所有客户的全部产品需求，而两个承运人即使同时参与运输活动也没有足够的能力在每个时段都交付正确的数量。因此，在承运人的运输能力明显不足的情况下，供应

链参与者（包括制造商）更偏向于合作。

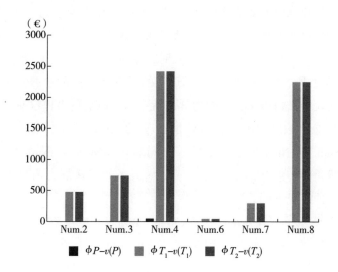

图 9-6 大联盟的每个合作伙伴的利润与其不参与合作的利润之差

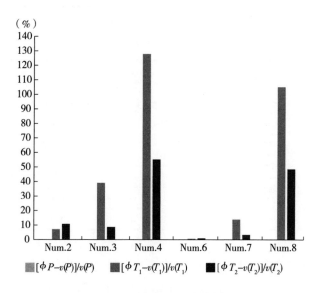

图 9-7 利润的相对增长情况

9.2.2　实验情况 2——任何一个承运人都没有可以使用的外部运输资源

在本部分中，任何一个承运人都没有可以使用的外部运输资源。因此，相应的参数——$M\_extra_{j,k,t}$ 被设为 0。

表 9-8 展示了实验输入参数矩阵中，每组实验的博弈中每个联盟的收益和对应的服务产品数量。在纯制造商联盟中，服务产品数量是生产的产品数量，而在纯承运人联盟中，服务产品数量是运送的产品数量；在同时包含制造商和承运人的联盟中，服务产品数量是指生产并交付的产品数量。选择利润作为博弈的收益，图 9-8 可以直观地显示每组实验中各联盟的利润。

表 9-8　每个联盟的收益（利润）和对应的服务产品数量

	Num.	$v(P\&T_1\&T_2)$	$v(T_1\&T_2)$	$v(P\&T_1)$	$v(P\&T_2)$	$v(P)$	$v(T_1)$	$v(T_2)$	$v(\phi)$
1	利润（€）	3683084	7401	2487750	3106794	2237369	4904	6661	0
	产品量（件）	374750	273240	338260	362260	273240	273240	273240	0
2	利润（€）	3683084	6247	2487750	2010993	1846670	5438	3070	0
	产品量（件）	374750	245662	338260	308760	245662	245662	245662	0
3	利润（€）	3683084	5076	1733787	3106794	1322030	1838	4815	0
	产品量（件）	374750	206520	290260	362260	206520	206520	206520	0
4	利润（€）	3627602	5076	1733787	2010993	1322030	1838	3791	0
	产品量（件）	374750	206520	290260	308760	206520	206520	206520	0
5	利润（€）	3301179	7188	2321537	2947415	2089688	5647	6837	0
	产品量（件）	356676	265344	326315	352720	265344	265344	265344	0
6	利润（€）	3301179	6311	2321537	1796990	1741695	5150	3458	0
	产品量（件）	356676	239810	326315	296815	239810	239810	239810	0
7	利润（€）	3301179	5057	1448150	2947415	1232227	2071	5098	0
	产品量（件）	356676	197231	272815	352720	197231	197231	197231	0
8	利润（€）	3298155	5057	1448150	1796990	1232227	2071	3857	0
	产品量（件）	356676	197231	272815	296815	197231	197231	197231	0

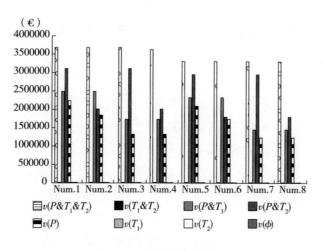

图 9-8　每个联盟的利润

在表 9-8 中，没有底纹的"利润"格子代表该结果没有拒绝的服务产品数量，有底纹的"利润"格子代表该结果有拒绝的服务产品数量。图 9-9 清晰展示了每组实验中各联盟的服务产品数量。

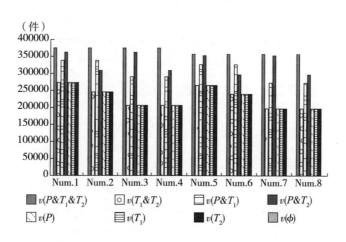

图 9-9　各组实验中每个联盟的服务产品数量

如表 9-9 所示，在任何一个承运人都没有外部运输资源可以使用的情况下，各组实验中的博弈都不是超加和博弈。

表 9-9　每组实验中的博弈是否为超加和博弈

Num.	超加和博弈
1	否
2	否
3	否
4	否
5	否
6	否
7	否
8	否

　　根据第 4 章中关于超加和博弈的定义，下面给出一组计算来验证一个博弈是否是超加和博弈，以实验 Num. 1 为例，计算如表 9-10 所示。由于 $v(T_1 \& T_2) < v(T_1) + v(T_2)$，所以 $v(S \cup M) \geqslant v(S) + v(M)$ 并不是总为真，因此实验 Num. 1 的合作博弈不是超加和的。其他各组实验中博弈的超加和性质可以采用相同的方法检验。

表 9-10　实验 Num. 1 中博弈的超加和性质检验

S	M	$v(S \cup M)$	$v(S)$	$v(M)$	$v(S) + v(M)$	$v(S \cup M) \geqslant v(S) + v(M)$
$\{P\}$	$\{T_1, T_2\}$	3683084	2237369	7401	2244770	真
$\{T_1\}$	$\{P, T_2\}$	3683084	4904	3106794	3111698	真
$\{T_2\}$	$\{P, T_1\}$	3683084	6661	2487750	2494411	真
$\{P\}$	$\{T_2\}$	3106794	2237369	6661	2244030	真
$\{T_1\}$	$\{T_2\}$	7401	4904	6661	11565	假
$\{P\}$	$\{T_1\}$	2487750	2237369	4904	2242273	真

　　根据第 6 章中的合作协议，如果合作博弈不是超加和的，那么合作进程将停止。为什么在任何一个承运人都没有外部运输资源可以使用的情况下，各组实验中的博弈都不是超加和博弈？这是因为制造商知道承运人没有外部运输资源可用，在规划流程开始时，制造商根据单个承运人最低的运输能力估计可交付量，因此拒绝了客户的部分产品需求，这样，单个承运人

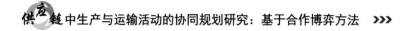

就可以运送全部的交付请求。因此，在这种情况下对于承运人而言，合作是没有意义的。

小 结

本章对第 6 章中提出的合作方案进行了验证，设计了两级供应链参与者合作的数值实验。对于不同种类供应链参与者的合作，选择一个制造商和两个承运人作为合作伙伴来评估合作规划方法。

本章在一个制造商与两个承运人的合作中，选择利润值作为收益。考虑两种实验情况：①当承运人拥有无限的外部运输资源时，博弈的性质取决于输入参数，如两个承运人的自有卡车数量。②当单个承运人的运输能力明显不足，且所有承运人的总运输能力也不足以或刚够满足客户的全部产品交付需求时，合作博弈是超加和的，其 Shapley 值也在核中，此时大联盟是稳定的，是最佳的合作方式，因而在实际的供应链活动中执行大联盟的计划。在这种情况下，相较于制造商，承运人更有兴趣参与大联盟的合作，这是因为制造商的利润几乎没有增长，但承运人的利润得到了显著的提高。其对大联盟中的合作伙伴而言，总体上是有益的，因此合作是有意义的。当任何一个承运人都没有外部运输资源可以使用时，所有实验中的博弈都不是超加和博弈。至此，合作的进程就终止了，这是因为此时的合作没有意义。

第10章

总结与展望

本书研究策略层的决策问题，将协调供应链活动的规划作为一种合作博弈，先以承运人作为研究对象提出同级供应链参与者的合作方案，再以制造商和承运人作为研究对象提出两级供应链参与者的合作方案。

10.1 本书的主要贡献

本书的主要贡献是在策略层面上运用合作博弈来解决供应链中不同合作伙伴的规划问题。根据合作伙伴的性质，研究了两类问题：

（1）同一种合作伙伴之间的合作：涉及多个承运人向其客户提供相同的运输服务。这类合作的预期收益是运营成本的节省，尽可能按照客户的交货要求进行运输活动，并使总成本最小化。

（2）不同种类的合作伙伴之间的合作：关注一个制造商和多个承运人之间的联系。在这类合作中，制造商和承运人的收入相差几个数量级，即承运人的收入少，这是由于制造商的收入来自销售产品所获得的增值，而承运人的收入来自提供运输服务所获得的收入。由于合作伙伴的异质性，选择利润作为合作的预期收益更加符合实际。

首先，建立模拟每个合作伙伴规划过程的数学模型。基于线性规划（Linear Programming，LP），建立了三种模型：

（1）一个通用的 BST-mT 模型，用于规划 m 个承运人的运输活动。该模型可以应用于同一种合作伙伴之间的合作，在不同种类的合作伙伴之间的合作过程中也需要使用该模型。正如模型的名称，BST（Best Service Transportation）——最佳服务运输，规划的目标是给出一个尽可能接近制造商交付请求的运输计划。

（2）BPP 模型（Best Profit Production Model，最佳利润生产模型），对制造商的规划行为进行建模，其规划包括生产和交付活动。BPP 模型优化的目标是使制造商的经济收益最大化。

（3）BPP&mT 模型，同时规划生产和运输活动，当然同时受限制于生产和运输资源的约束。该模型应用于不同种类的合作伙伴（制造商和承运人）之间的联合规划过程。在本书中，分析一个制造商和 m 个承运人的情况。

然后，制定合作议定。本书的合作方法建立在博弈论（Game Theory）的基础上，因为博弈论中的一些性质和计算方法可以应用于合作过程：供应链参与者联营的概念对应合作博弈中的联盟概念，基于 Shapley 值的收益分享原则被认为是实现合作的有效方法。提议的合作协议由三个步骤构成：

（1）博弈：规划模型对博弈中所有联盟的规划过程进行仿真，用于估计每种情况下的预期收益——利润或成本节省值。考虑所有可能的联盟（包括大联盟和所有小联盟），验证合作博弈是否为超加和博弈，计算每个合作伙伴的 Shapley 值。超加和性质检验合作伙伴参与大联盟是否可以获得不低于非合作的收益。

（2）决策：在这一步必须验证合作博弈的一个重要性质——Shapley 值是否在核中，这意味着从收益方面来说大联盟（包括全部的合作伙伴）的合作代表着稳定的情况。这个联盟被认为是最佳的合作情况，合作成功。另一种情况是，大联盟的合作不是最佳的供应链解决方案，那么合作失效。

（3）执行：所有合作伙伴执行规划过程中大联盟生成的计划。

在本书研究的合作协议中，增加了一个特定的行为来描述承运人的运输能力与要求交付的产品量相比严重不足的情况。事实上，我们假设如果所有承运人在规划时间范围内都无法提供运输服务的产品数量是可以拒绝运送的，这基于承运人如果没有足够的运输能力进行高效的交付，就不会接受这部分交付请求。

还有一种情况是包含制造商的联盟由于制造商的生产能力不足或承运

人的运输能力不足，拒绝最终客户部分的产品需求。在这种情况下联盟需要支付给客户一定的赔偿金。

基于 GLPK 求解器与 Excel 输入/输出文件相结合的仿真平台，我们针对这两类研究问题设计并实现了数值实验。

(1) 关于同一种合作伙伴的实验结果为，在所有情况大联盟的合作都是可以成功进行的。

所有实验中的博弈都是超加和博弈，合作博弈的 Shapley 值在核中。因此，大联盟的计划可以在实际的运输活动中得以实施，节省的成本体现了合作的效益。

(2) 关于不同种类合作伙伴之间的合作，实验结果比较复杂。

• 如果承运人有外部运输资源可以使用（部分运量可以使用外部运输资源运送），博弈的属性取决于输入数据，比如每个承运人的运输能力——拥有的卡车数量。如果单个承运人的运输能力严重不足，并且联盟的运输能力刚刚可以或不足以满足交付客户需求的产品数量（仍需使用外部运输资源运送部分产品），则合作可以成功进行。但相较于制造商，合作对承运人的利润提升作用更加明显。然而，制造商参与合作所获得的利润并不低于非合作。

• 在承运人不能使用外部运输资源的情况下，所有博弈都不是超加和博弈，这些合作博弈是无效的。因此，合作的过程就停止了。

10.2 本书的未尽之处及对未来研究的展望

这里指出本书研究的局限，给出进一步研究的范围。

在认为合作协议是成功的情况下，我们只考虑了大联盟（所有博弈玩家）的合作。然而，在多个合作伙伴的供应链活动中，即使并非所有合作伙伴都对大联盟的合作感兴趣，也可以通过部分合作伙伴组成的小联盟进行合作。即仅全部供应链参与者中的一部分合作就足以保证经济收益，而将合作范围扩展到全部供应链参与者就会导致整体运营成本的增加。

在不同种类合作伙伴之间的合作中，制造商在进程开始时，会根据单个承运人的最低运输能力拒绝客户的部分产品需求，这样可以避免由于运输能力不足而导致的过剩库存。生产的成品如果不能及时运送出去，就会使制造商形成库存。当承运人拥有无限的外部运输资源可用时，这种限制（即拒绝客户的部分产品需求）是没有实际作用的，这是因为制造商始终认为承运人能够满足其交货要求。但当承运人没有外部运输资源可用时，这种限制对制造商决定客户产品需求的拒绝数量起着重要作用。在这种情况下，由于交货数量的减少，单个承运人就可以完成交付任务，承运人便不愿意与其他承运人合作。

本书研究的合作情况包括一个特殊的合作伙伴——第四方物流。博弈中并没有考虑第四方物流，但它提供的服务会产生相关的运营成本。这些服务包括整合并管理所有的合作伙伴。上述讨论如果展开就是另一个研究角度，即多个不同的第四方物流可以提供此类服务，但服务的成本不同。第四方物流增加了合作伙伴的多样性，并使博弈更加复杂，其中一部分合作伙伴或许可以通过小联盟合作，另一部分则不参与合作。对于这种情况的研究及其与博弈相关的建模，应考虑不同形式的博弈，并需要制定新的合作协议。

参考文献

［1］Albrecht M. Supply Chain Coordination Mechanisms: New Approaches for Collaborative Planning ［M］. Berlin: Springer Science & Business Media, 2009.

［2］Albrecht M, Stadtler H. Coordinating Decentralized Linear Programs by Exchange of Primal Information ［J］. European Journal of Operational Research, 2015, 247 (3): 788-796.

［3］Amorim P, Günther H, Almada-Lobo B. Multi-objective Integrated Production and Distribution Planning of Perishable Products ［J］. International Journal of Production Economics, 2012, 138 (1): 89-101.

［4］Amrani-Zouggar A, Deschamps J C, Bourrières J P. Supply Chain Planning under Various Quantity Commitment Contracts ［J］. IFAC Proceedings Volumes, 2009, 42 (4): 558-563.

［5］Amrani A, Deschamps J C, Bourrières J P. The Impact of Supply Contracts on Supply Chain Product-flow Management ［J］. Journal of Manufacturing Systems, 2012, 31 (2): 253-266.

［6］Arshinder K, Kanda A, Deshmukh S G. A Review on Supply Chain Coordination: Coordination Mechanisms, Managing Uncertainty and Research Directions. Supply Chain Coordination under Uncertainty ［M］. Berlin: Springer, 2011.

［7］Barbarosoğlu G, Özgür D. Hierarchical Design of An Integrated Production and 2-echelon Distribution System ［J］. European Journal of Operational Research, 1999, 118 (3): 464-484.

［8］Bonfill A, EspuñaL A, Puigjaner L. Decision Support Framework for Coordinated Production and Transport Scheduling in SCM ［J］. Computers & Chemical Engineering, 2008, 32 (6): 1206-1224.

［9］ Bredstrom D, Ronnqvist M. Integrated Production Planning and Route Scheduling in Pulp Mill Industry. System Sciences, 2002 ［R］. HICSS. Proceedings of the 35th Annual Hawaii International Conference on, IEEE, 2002.

［10］ Cachon G P. Supply Chain Coordination with Contracts ［J］. Handbooks in Operations Research and Management Science, 2003, 11: 227-339.

［11］ Cavinato J. The Traffic Service Corporation ［M］. Washington, DC: The Traffic Service Corporation, 1982.

［12］ Chan F T, Chan H K. A Simulation Study with Quantity Flexibility in a Supply Chain Subjected to Uncertainties ［J］. International Journal of Computer Integrated Manufacturing, 2006, 19 (2): 148-160.

［13］ Chankong V, Haimes Y Y. Multiobjective Decision Making: Theory and Methodology ［M］. New York: Courier Dover Publications, 2008.

［14］ Chopra S, Meindl P. Supplier Chain Management-Strategies, Planning, and Operation ［M］. New Jersey: Pearson Education, 2001.

［15］ Christiansen M, Fagerholt K, Ronen D. Ship Routing and Scheduling: Status and Perspectives ［J］. Transportation Science, 2004, 38 (1): 1-18.

［16］ Christopher M. Logistics & Supply Chain Management ［M］. London: Pearson, 2016.

［17］ CNR. French National Road Committee ［EB/OL］. http: //www. cnr. fr/en.

［18］ Cooper M C, Lambert D M, Pagh J D. Supply Chain Management: More than a New Name for Logistics ［J］. The International Journal of Logistics Management, 1997, 8 (1): 1-14.

［19］ Council-of-Logistics-Management. Definition of Logistics ［EB/OL］. http: //www. cscmp. org.

［20］ Coyle J J, Bardi E J, Novack R A. Transportation ［M］. 5th. Cincinnati: South-Western College Publishing, 2000.

［21］ Coyle J J, Langley C J, Novack R A, et al. Supply Chain Management: A Logistics Perspective ［M］. Toronto: Nelson Education, 2016.

［22］ Crainic T G, Dell' Olmo P, Ricciardib N, et al. Modeling Dry-portbased Freight Distribution Planning [J]. Transportation Research Part C: Emerging Technologies, 2015, 55: 518-534.

[23] Dhaenens-Flipo C, Finke G. An Integrated Model for an Industrial Production-distribution Problem [J]. Iie Transactions, 2001, 33 (9): 705-715.

[24] Dudek G. Collaborative Planning in Supply Chains: A Negotiation-based Approach [M]. New York: Springer Science & Business Media, 2009.

[25] Erengüç Ş S, Simpson N C, Vakharia A J. Integrated Production/Distribution Planning in Supply Chains: An Invited Review [J]. European Journal of Operational Research, 1999, 115 (2): 219-236.

[26] European Conference of Ministers of Transport, D. M. T. C. Container Transport Security Across Modes [M]. Paris: OECD Publishing, 2005.

[27] Fahimnia B, Farahani R Z, Marian R, et al. A Review and Critique on Integrated Production-Distribution Planning Models and Techniques [J]. Journal of Manufacturing Systems, 2013, 32 (1): 1-19.

[28] Fang Y, Shou B. Managing Supply Uncertainty Under Supply Chain Cournot Competition [J]. European Journal of Operational Research, 2015, 243 (1): 156-176.

[29] Fargher H E, Smith R A. Method and System for Production Planning: US07/857018 [P]. 1996-12-17.

[30] Fischer K, Chaib-draa B, Müller J P, et al. A Simulation Approach Based on Negotiation and Cooperation between Agents: A Case Study [J]. IEEE Transactions on Systems, Man, and Cybernetics, Part C (Applications and Reviews), 1999, 29 (4): 531-545.

[31] Forget P, D'Amours S, Frayret J M, et al. Study of the Performance of Multi-behaviour Agents for Supply Chain Planning [J]. Computers in Industry, 2009, 60 (9): 698-708.

[32] Francois J, et al. Collaborative Planning for Enterprises Involved in Different Supply Chains [C]// International Conference on Service Systems and Service Management, IEEE, 2006.

[33] Gibbons R. A Primer in Game Theory [M]. New York: Harvester

Wheatsheaf, 1992.

[34] GLPK. GNU Linear Programming Kit [EB/OL]. https: //en. wiki-books. org/wiki/GLPK.

[35] Goldsby T J, García-Dastugue S J. The Manufacturing Flow Management Process [J]. The International Journal of Logistics Management, 2003, 14 (2): 33-52.

[36] Gubbins E J. Managing Transport Operations [M]. London: Kogan Page Publishers, 2003.

[37] Handfield R B, Nichols E L. Supply Chain Redesign: Transforming Supply Chains into Integrated Value Systems [M]. Hoboken: FT Press, 2002.

[38] Hernández J E, Mula J, Poler R, et al. Collaborative Planning in Multi-tier Supply Chains Supported by a Negotiation-based Mechanism and Multi-agent System [J]. Group Decision and Negotiation, 2014, 23 (2): 235-269.

[39] Hoen K, Tan T, Fransoo J C. Effect of Carbon Emission Regulations on Transport Mode Selection under Stochastic Demand [J]. Flexible Services and Manufacturing Journal, 2014, 26 (1-2): 170-195.

[40] Hsiao Y-H, Chen M C, Chin C L, et al. Distribution Planning for Perishable Foods in Cold Chains with Quality Concerns: Formulation and Solution Procedure [J]. Trends in Food Science & Technology, 2017, 61: 80-93.

[41] Hugos M H. Essentials of Supply Chain Management [M]. Hoboken: John Wiley & Sons, 2010.

[42] Ivanov D, Pavlov A, Sokolov B. Optimal Distribution (re) Planning in a Centralized Multi-stage Supply Network under Conditions of the Ripple Effect and Structure Dynamics [J]. European Journal of Operational Research, 2014, 237 (2): 758-770.

[43] Jha J, Shanker K. An Integrated Inventory Problem with Transportation in a Divergent Supply Chain under Service Level Constraint [J]. Journal of Manufacturing Systems, 2014, 33 (4): 462-475.

[44] Jia Z Z, Deschamps J C, Dupas R. A Negotiation Protocol to Improve Planning Coordination in Transport-driven Supply Chains [J]. Journal of Manu-

facturing Systems, 2016, 38：13-26.

［45］Jung H, Chen F F, Jeong B. Decentralized Supply Chain Planning Framework for Third Party Logistics Partnership ［J］. Computers & Industrial Engineering, 2008a, 55（2）：348-364.

［46］Jung H, Jeong B, Lee C G. An Order Quantity Negotiation Model for Distributor-driven Supply Chains ［J］. International Journal of Production Economics, 2008a, 111（1）：147-158.

［47］Leyton-Brown K, Shoham Y. Essentials of Game Theory：A Concise Multidisciplinary Introduction ［J］. Synthesis Lectures on Artificial Intelligence and Machine Learning, 2008, 2（1）：1-88.

［48］Kline B. Identification of Complete Information Games ［J］. Journal of Econometrics, 2015, 189（1）：117-131.

［49］Krajewska M A, Kopfer H. Transportation Planning in Freight Forwarding Companies：Tabu Search Algorithm for the Integrated Operational Transportation Planning Problem ［J］. European Journal of Operational Research, 2009, 197（2）：741-751.

［50］Krajewska M A, Kopfer H, Laporte G, et al. Horizontal Cooperation Among Freight Carriers：Request Allocation and Profit Sharing ［J］. Journal of the Operational Research Society, 2008, 59（11）：1483-1491.

［51］La Londe B J, Masters J M. Emerging Logistics Strategies：Blueprints for the Next Century ［J］. International Journal of Physical Distribution & Logistics Management, 1994, 24（7）：35-47.

［52］Lai K-h, Cheng T E. Just-in-time Logistics ［M］. Surrey：Gower Publishing Ltd, 2009.

［53］Lai K-h, Ngai E W T, Cheng T C E. Measures for Evaluating Supply Chain Performance in Transport Logistics ［J］. Transportation Research Part E：Logistics and Transportation Review, 2002, 38（6）：439-456.

［54］Larson P D, Halldorsson A. Logistics Versus Supply Chain Management：An International Survey ［J］. International Journal of Logistics：Research and Applications, 2004, 7（1）：17-31.

［55］ Lee H L, Billington C. The Evolution of Supply－chain－management Models and Practice at Hewlett－Packard ［J］. Interfaces, 1995, 25 (5): 42–63.

［56］ Li L. Supply Chain Management: Concepts, Techniques and Practices: Enhancing Value Through Collaboration ［M］. Hackensack: World Scientific Publishing Co. , 2007.

［57］ Lins I D, Rêgo L C, Moura M C, et al. Selection of Security System Design Via Games of Imperfect Information and Multi－objective Genetic Algorithm ［J］. Reliability Engineering & System Safety, 2013 (112): 59–66.

［58］ Lummus R R, Krumwiede D W, Vokurka R J. The Relationship of Logistics to Supply Chain Management: Developing a Common Industry Definition ［J］. Industrial Management & Data Systems, 2001, 101 (8): 426–432.

［59］ Lun Y V, Lai K–H, Cheng T C E. Shipping and Logistics Management ［M］. Berlin: Springer, 2010.

［60］ Mark Bedeman J G. Gower Handbook of Supply Chain Management ［M］. New York: Routledge, 2003.

［61］ Mattessich P W, Monsey B R. Collaboration: What Makes It Work. A Review of Research Literature on Factors Influencing Successful Collaboration ［M］. New York: ERIC, 1992.

［62］ Memon M A, Archimède B. A Multi－Agent Distributed Framework for Collaborative Transportation Planning ［J］. IFAC Proceedings Volumes, 2013, 46 (9): 1370–1375.

［63］ Metters R. Quantifying the Bullwhip Effect in Supply Chains ［J］. Journal of Operations Management, 1997, 15 (2): 89–100.

［64］ Meyr H, Wagner M, Rohde J. Structure of Advanced Planning Systems ［M］//Kilger C, Meyr H, Stadtler H. Supply Chain Management and Advanced Planning: Concepts, Models, Software, and Case Studies. Berlin: Springer, 2002.

［65］ Molemaker R J, Pauer A. The Economic Footprint of Railway Transport in Europe ［M］. Brussels: CER, 2014.

［66］ Mula J, Peidro D, Díaz－Madroñero M, et al. Mathematical Programming Models for Supply Chain Production and Transport Planning ［J］. European

Journal of Operational Rresearch, 2010, 204 (3): 377-390.

［67］ Nasiri G R, Zolfaghari R, Davoudpour H. An Integrated Supply Chain Production-distribution Planning with Stochastic Semands ［J］. Computers & Industrial Engineering, 2014, 77: 35-45.

［68］ Nishat Faisal M, Banwet D K, Shankar R. Supply Chain Risk Mitigation: Modeling the Enablers ［J］. Business Process Management Journal, 2006, 12 (4): 535-552.

［69］ Norall S. 3PL vs 4PL: What are These PLs, Anyway? Layers of Logistics Explained ［EB/OL］. https: //www. supplychain247. com/article/3pl_vs_4pl_what_are_these_pls_anyway_the_layers_of_logistics_explained/XM_Developments.

［70］ Ordeshook P C. Game Theory and Political Theory: An Introduction ［M］. Cambridge: Cambridge University Press, 1986.

［71］ Osborne M J, Rubinstein A. A Course in Game Theory ［M］. Cambridge: MIT press, 1994.

［72］ Park Y B. An Integrated Approach for Production and Distribution Planning in Supply Chain Management ［J］. International Journal of Production Research, 2005, 43 (6): 1205-1224.

［73］ Pawar K S, Rogers H, Potter A, et al. Developments in Logistics and Supply Chain Management: Past, Present and Future ［M］. Berlin: Springer, 2016.

［74］ Porter M. Creating and Sustaining Superior Performance ［M］. New York: Free Press, 1985.

［75］ Rancourt M-È, Cordeau J F, Laporte G, et al. Tactical Network Planning for Food Aid Distribution in Kenya ［J］. Computers & Operations Research, 2015, 56: 68-83.

［76］ Rapoport A, Dale P. Models for Prisoner's Dilemma ［J］. Journal of Mathematical Psychology, 1966, 3 (2): 269-286.

［77］ Reyes P M, Bhutta K. Efficient Consumer Response: Literature Review ［J］. International Journal of Integrated Supply Management, 2005, 1 (4): 346-386.

［78］ Rogers D S, Lambert D M, Knemeyer A M. The Product Development and Commercialization Process [J]. The International Journal of Logistics Management, 2004, 15 (1): 43-56.

[79] Rutner S M, Langley Jr C J. Logistics Value: Definition, Process and Measurement [J]. The International Journal of Logistics Management, 2000, 11 (2): 73-82.

[80] Ryan F. Round Hall Nutshells Contract Law [M]. Dublin: Thomson Round Hall, 2006.

[81] Samet D. Common Belief of Rationality in Games of Perfect Information [J]. Games and Economic Behavior, 2013, 79: 192-200.

[82] Selim H, Araz C, Ozkarahan I. Collaborative Production-distribution Planning in Supply Chain: A Fgoal Programming Approach [J]. Transportation Research Part E: Logistics and Transportation Review, 2008, 44 (3): 396-419.

[83] Shapiro R D, Heskett J L. Logistics Strategy: Cases and Concepts [M]. Jeddah: West Group, 1985.

[84] Shapley L S. Cores of Convex Games [J]. International Journal of Game Theory, 1971, 1 (1): 11-26.

[85] Simchi-Levi D, Wu S D, Shen Z. Handbook of Quantitative Supply Chain Analysis: Modeling in the E-business Era [M]. Berlin: Springer Science & Business Media, 2004.

[86] Song H, Hsu V N, Cheung R K. Distribution Coordination between Suppliers and Customers with a Consolidation Center [J]. Operations Research, 2008, 56 (5): 1264-1277.

[87] Soosay C A, Hyland P W, Ferrer M. Supply Chain Collaboration: Capabilities for Continuous Innovation [J]. Supply Chain Management: An International Journal, 2008, 13 (2): 160-169.

[88] Sprenger R, Mönch L. A Methodology to Solve Large-scale Cooperative Transportation Planning Problems [J]. European Journal of Operational Research, 2012, 223 (3): 626-636.

[89] Sprenger R, Mönch L. A Decision Support System for Cooperative Transportation Planning: Design, Implementation, and Performance Assessment

[J]. Expert Systems with Applications, 2014, 41 (11): 5125-5138.

[90] Stadler H. A Framework for Collaborative Planning and State-of-the-art. Supply Chain Planning [M]. Berlin: Springer, 2009.

[91] SteadieSeifi M, Dellaert N P, Nuijten W, et al. Multimodal Freight Transportation Planning: A Literature Review [J]. European Journal of Operational Research, 2014, 233 (1): 1-15.

[92] Stevens G C. Integrating the Supply Chain [J]. International Journal of Physical Distribution & Materials Management, 1989, 19 (8): 3-8.

[93] Taghipour A, Frayret J-M. Negotiation-based Coordination in Supply Chain: Model and Discussion [R]. Systems Man and Cybernetics (SMC), 2010 IEEE International Conference on, IEEE.

[94] Taghipour A, Frayret J-M. Coordination of Operations Planning in Supply Chains: A Review [J]. International Journal of Business Performance and Supply Chain Modelling, 2013, 5 (3): 272-307.

[95] Taghipour A, Frayret J-M. Dynamic Mutual Adjustment Search for Supply Chain Operations Planning Co-ordination [J]. International Journal of Production Research, 2013, 51 (9): 2715-2739.

[96] Tang C S. Perspectives in Supply Chain Risk Management [J]. International Journal of Production Economics, 2006, 103 (2): 451-488.

[97] Tseng Y Y, Yue W L, Taylor M A P. The Role of Transportation in Logistics Chain [J]. Eastern Asia Society for Transportation Studies, 2005, 5: 1657-1672.

[98] VICS. CPFR Spring 2008 Whitepaper [EB/OL]. http://www. vics. org/committees/cpfr/cpfr_white_papers.

[99] Von Neumann J, Morgenstern O. Theory of Games and Economic Behavior [M]. Princeton: Princeton University Press, 1944.

[100] Wang H, Guo M, Efstathiou J. A Game-theoretical Cooperative Mechanism Design for a Two-echelon Decentralized Supply Chain [J]. European Journal of Operational Research, 2004, 157 (2): 372-388.

[101] Wang X, Disney S M. The Bullwhip Effect: Progress, Trends and

Directions ［J］. European Journal of Operational Research, 2016, 250 (3):
691-701.

［102］ Wang X, Kopfer H, Gendreau M. Operational Transportation Plan-
ning of Freight Forwarding Companies in Horizontal Coalitions ［J］. European
Journal of Operational Research, 2014, 237 (3): 1133-1141.

［103］ Wang Y, Deschamps J C, Dupas R. Production and Transportation
Planning Based on a Cooperative Game Approach ［C］. ILS2016, 6th Internation-
al Conference on Information Systems, Logistics and Supply Chain, 2016.

［104］ Waters D. Global Logistics: New Directions in Supply Chain Manage-
ment ［M］. London: Kogan Page Limited, 2007.

［105］ Wiedmann T, Minx J. A Definition of "Carbon Footprint" ［J］. Eco-
logical Economics Research Trends, 2008, 1: 1-11.

［106］ Ben Yahia W, Ayadi O, Masmoudi F. A Fuzzy-based Negotiation
Approach for Collaborative Planning in Manufacturing Supply Chains ［J］. Journal
of Intelligent Manufacturing, 2017, 28 (8): 1-20.

［107］ Zamarripa M, Hjaila K, Silvente J, et al. Tactical Management for
Coordinated Supply Chains ［J］. Computers & Chemical Engineering, 2014, 66:
110-123.

［108］ Zamarripa M A, Aguirre A M, Méndez C A, et al. Mathematical
Programming and Game Theory Optimization-based Tool for Supply Chain Plan-
ning in Cooperative/Competitive Environments ［J］. Chemical Engineering Re-
search and Design, 2013, 91 (8): 1588-1600.

［109］ Ziebuhr M, Kopfer H. Solving an Integrated Operational Transporta-
tion Planning Problem with Forwarding Limitations ［J］. Transportation Research
Part E: Logistics and Transportation Review, 2016, 87: 149-166.